Sabios Sobrevivientes

Cómo Prosperar en Tiempos Difíciles

Octavio Romero

Sabios Sobrevivientes

Cómo Prosperar en Tiempos Difíciles

Octavio Romero

Sabios Sobrevivientes

Cómo Prosperar en Tiempos Difíciles

Segunda Edición

www.sabiossobrevivientes.com
www.creadosparatriunfar.com

ISBN-13: 978-0-615-40408-0

ISBN-10: 061-540-408-1

Homenaje

Este libro está dedicado a todas las personas que luchan por salir adelante y se sacrifican para ser exitosas, pero que aún no han encontrado la oportunidad de sacar a relucir sus talentos, o tal vez, a pesar de sus sacrificios, no se les toma en cuenta.

Está también dedicado a los profesionales que trabajan con dedicación y a los dueños de negocios. A las amas de casa que se esfuerzan cada día para mantener una familia unida; a los maestros que laboran en educar niños para el futuro. A todos aquellos que practican algún deporte o que poseen un talento extraordinario. A los que estudiaron intensamente, sacrificando miles de horas para recibir un diploma universitario y a los que optaron por carreras cortas.

Amigo lector, si alguna vez alguien te dijo que no servías para nada porque no habías nacido para ser una estrella ni para ser alguien en la vida, y que por no ser realista nunca ibas lograr ni un propósito, este libro es para ti. Si has sido rechazado por la sociedad en la que vivimos, las palabras que aquí vas a leer te van a llegar al alma.

En resumen, este libro es para ti, amigo y amiga, porque todos nacemos con un propósito muy especial. Yo te digo, amable lector, que vas a alcanzar tus metas porque el fracaso es imposible; te insistiré que sí se puede. Lee mis palabras y te convencerás. Piensa que con el hecho de intentar algo y no rendirte, ya es un gran resultado. Al darte Dios el regalo de vida con su soplo divino, hizo su mayor milagro porque creó un triunfador.

Octavio Romero

Dedicatoria especial

Este libro es dedicado, con mucho cariño y amor, a mis dos hijas y a mi hijo. Mis tres angelitos han sido mi motor y mi inspiración.

Mezztly Romero

Kassandra Romero

Tonatiuh Romero

Mis muy sinceras gracias

Mi más profundo agradecimiento a todas las personas que hicieron posible este libro. Honestamente que sin ellos este libro no hubiera salido a la luz.

Quiero agradecer en especial a aquellas personas que creyeron en mí y que no dudaron ni por un instante en ayudarme con este proyecto, dándome todo su apoyo además de relatarme sus historias.

A mi esposa, que me tuvo mucha paciencia mientras yo me pasaba horas escribiendo, pues no podía ayudarla con los niños. Mil gracias a todos. Estoy seguro que esto es sólo el comienzo de una nueva aventura.

Menciono aquí algunos nombres, pero otros se me están pasando. Pido perdón a aquellos que han colaborado conmigo, pero que a causa de mi mala memoria no menciono aquí. A todos ustedes amigos del alma, mencionados y no mencionados, mil gracias.

Mención de honor a Maribel Romero, Miguel Vásquez, Almarosa Rosas, Ángeles Ponce, José Alberto Contreras, Edgar Rodríguez, Edgar Dimas, María A. Ángel, Juan L. Laine y Carlos A. Angel.

Prólogo

La vida esta hecha de testimonios, ellos son los que nos recuerdan permanentemente que la vida siempre nos ofrece y nos ofrecerá la posibilidad de reinventarnos una y otra vez. En las páginas de este libro el lector encontrará ese combustible emocional llamado visión, que de cierta forma es la capacidad de ver lo invisible, sin esta capacidad nunca se ha podido, ni nunca se podrá alcanzar grandes logros en esta vida. Se ha dicho que la persona más pobre de este mundo no es la que no tiene dinero, sino más bien la que no posee una visión.

La virtud mayor de este trabajo que nos presenta Octavio, es la posibilidad de conocer acerca de personas que no se dieron por vencido rápidamente, no aceptaron un "no" como una primera y definitiva respuesta, muy por el contrario, demostraron esa valentía y determinación propia de los vencedores, o como el los llama, "Sabios Sobrevivientes".

Ánimo a toda persona a leer atentamente estos relatos y extraer de ellos verdaderas pepitas de oro, ese es el valor que está dentro de estos relatos, cada palabra cuenta, cada una de ellas va creando cuadros mentales, imágenes que nos permiten acercarnos a nuestras metas y sueños más anhelados. Es menester recordar que las palabras producen emociones, las emociones producen sentimientos y la mezcla inevitable de las dos se convierte en acciones.

Este mundo está urgido por la manifestación de más Sabios Sobrevivientes, de esa forma no serán solo algunos, sino muchos los que podrán hacer y ayudar a muchos hacer sus sueños una realidad.

Juan L. Laine

Fundador de ***Liderazgo Avanzado***

Índice

El Primer Paso es el Más Difícil

Un camino de mil millas comienza con un paso
—Benjamin Franklin

En mi callada desesperación, hablar con mi conciencia era lo que yo hacía noche tras noche. Antes de dormir le pedía a Dios una oportunidad, otro mañana que fuera mejor. Necesitaba fuerzas y esperanza para seguir adelante, aún sabiendo que tal vez lo que hacía no era lo correcto.

En muchas ocasiones lloraba a escondidas de mi familia, culpándome de todo lo malo que nos sucedía. Me pasaba muchas noches en vela, mirando dormir a mis seres queridos; ellos descansando felizmente mientras amanecía el día siguiente. Ellos dependían de mí, puesto que yo era su fuerza y esperanza; creían en mí ciegamente aunque mis planes salieran mal.

Parecía que yo siempre estaba prometiendo pero nunca cumpliendo.

Trataba yo de una y otra manera, pero en realidad no era esfuerzo productivo porque sólo estaba tratando de aparentar, mostrando ser alguien que no era. Los resultados que lograba eran menos de lo que yo alardeaba, pero aún así seguía tratando de imitar a los demás, y hablando de cosas que tal vez no había hecho.

Años antes, cuando todavía estaba en la escuela, no fui bueno para los estudios y no obtuve mi diploma, pues me salí a trabajar antes de terminar. Ahora estaba pagando las consecuencias de la falta de preparación.

Me encontraba yo, como la mayor parte de las personas, tratando de ser exitoso. Bien recuerdo que mi primer trabajo fue la costura (haciendo ropa en maquinas industriales), una de las industrias que más empleos da a las personas sin preparación y sin experiencia, y claro está, a veces ni el salario mínimo les pagan. Como costurero, después de un día bastante largo, terminaba yo agotado del cansancio y decepcionado por la miseria de dinero que ganaba; además, este trabajo consumía todo mi tiempo, sin tener oportunidades de superación.

Estuve ahí por unos años y cuando no aguanté más esa pobreza, decidí explorar diferentes empleos. Muchos fueron los trabajos que tuve, buscando siempre como mejorar. Cambiaba cuando creía que había encontrado algo mejor. Mencionaré, a manera de ejemplo, dos de esos empleos: fui obrero en bodegas de almacenamiento, trabajando en carga y descarga; también estuve como acomodador de productos en alacenas de varias tiendas grandes.

Cambiar de empleos no solucionó ningún problema

porque en todos me sucedía lo mismo—cuando comenzaba labores, parecía que siempre tenía que empezar desde abajo, en las posiciones más difíciles y pesadas. Esto era de esperarse, pues en realidad no tenía preparación para nada y por lo tanto no calificaba para los empleos mejor pagados.

Pasando el tiempo me cansé de esta rutina diaria y de obtener los mismos resultados, que eran nada. Decidí aventurarme como vendedor, y como no tenía experiencia alguna en ventas lo primero que hice fue vender flores, en forma ambulante, en las calles de Los Ángeles. Luego fui tanteando ventas de otros productos—accesorios para mujer, vitaminas, filtros de agua, maquinas industriales, relojes, etc. Ya parecía yo un hombre mil-usos, pero todavía rodando al azar, vendiendo lo que me presentaban y sin obtener los resultados que buscaba.

Decepcionado y cansado de mis intentos de sobresalir en ventas, decidí hacer mi propio audio libro de superación personal. Un proyecto que tenía guardado desde hacía mucho tiempo y que siempre lo había dejado para después. Cuando terminé ese proyecto el resultado tampoco fue lo que yo esperaba, no tuve éxito, pero eso no fue motivo para darme por vencido.

En mi afán de mejorar mi situación, participé en varias compañías de mercadeo a nivel múltiple. En este tipo de compañías siempre te prometen que con ellos si vas a lograr tus sueños y tus ideales, porque siempre se consideran los número uno y los mejores. Trabajé duro, recluté prospectos, pero aún sentía que le hacía falta algo a mi vida.

No importa lo que yo estuviera haciendo, solo tenía una opción: seguir adelante. Mientras lo intentaba, veía como algunos de mis colegas se esforzaban al igual que yo para avanzar. En ocasiones les preguntaba cuanto tiempo les había tomado llegar adonde estaban, pues me sorprendía que muchos de ellos, que ya habían cursado el colegio y tenían títulos universitarios, después de muchos años solo habían obtenido un trabajo ordinario o a lo mucho un pequeño negocio. En realidad lo que más me impactaba es que varios de ellos ya pasaban de la edad madura y estaban todavía buscando el éxito, y no es porque para ser exitoso sea necesario ser joven.

Yo era joven y me preguntaba a mí mismo si yo terminaría como ellos. Pero esa misma pregunta me impulsaba y me motivaba para seguir y no darme por vencido. Amigo lector, no importa lo que hagamos o lo que digamos, nuestros resultados no los podemos comparar con los de otra persona; son para uno mismo porque muestran lo que pensamos.

Por más que hablemos no podemos expresar más de lo que sabemos ni tampoco podemos lograr lo que no nos proponemos. Si hemos estudiado, vale recordar que ***el saber mucho no sirve de nada, si no tomamos acción. El éxito no discrimina a nadie.***

La esperanza es lo que muere de último y eso es exactamente lo que me hacía respetar a mis colegas, porque ellos seguían luchando y persiguiendo el éxito. En realidad ***no importa si mueres en el intento porque bien vale la pena si luchas de verdad.***

No cabe duda que Dios nos dio a todos nosotros la capacidad de soñar y la posibilidad de hacer nuestros sueños realidad, así que todos los seres humanos nacemos con similares virtudes y anhelos.

No importa la nacionalidad, el color o el lenguaje sino las ganas que tengamos de ser personas triunfadoras. ***El regalo más grande de Dios es la vida y lo que hagamos con ella es nuestro regalo a Dios.***

La pregunta, entonces, que podemos hacernos es, *¿porqué si todos nacemos con las mismas capacidades y virtudes, son tan pocos los que logran sus metas y sus sueños?* Yo siempre he pensado que la pregunta tiene sentido, y que simplemente hay que decidirse a comenzar. ¿Cómo se puede lograr lo que no se intenta? Dios nos dio la vida para lograr lo que queremos, sin embargo muchos de nosotros no sabemos entender o agradecer el regalo que se nos da al nacer, que es la vida misma.

Todos los triunfadores que han sido reconocidos en el mundo son personas como tú y como yo.

Muchos de los líderes de hoy en día comenzaron desde cero, sin nada y sin apoyo. "Comenzaron" es aquí la palabra clave. No tener apoyo es una excusa que muchos de nosotros usamos para explicar nuestro fracaso. ***Los líderes no nacen, se hacen a través del tiempo.*** Comenzando desde cero o menos, sin engañarse uno con excusas, es como se forman los *Sabios Sobrevivientes*.

Prospera Tú También en Tiempos Difíciles

El progreso consiste en el cambio

—Miguel de Unamuno

Mientras me encontraba escribiendo este libro, tenía que buscar a personas triunfadoras que quisieran compartir su historia con los lectores. La idea era presentar historias reales de gente común que lucharon por un sueño hasta que lo lograron y que hoy en día todavía siguen viviendo positivas. Es más, ***un verdadero Sabio Sobreviviente también contribuye al éxito de los demás***. Quería yo sacar de esas historias un mensaje con el que los lectores se sintieran identificados.

No todo el mundo estuvo de acuerdo. Algunos familiares y amigos íntimos me decían que estaba loco, que quien iba a leer el libro de alguien que no se entendía ni a él mismo, sobre todo tratándose de la ortografía. No hice caso a esas personas que me decían que no valía la pena realizar este libro.

Una de las primeras personas con las que hablé y le propuse compartir su historia fue un buen maestro de primaria. Sin embargo, sus primeras palabras fueron *"¿para qué un libro si hoy en día a la gente solo le interesa el dinero y no la educación?".* Puso muchos pretextos para no querer compartir su historia, diciendo que a él le importaba lo qué diría la gente.

Seguí adelante con mi proyecto, hablando con personas que considero extraordinarias para que me dieran su opinión. Algunos me escucharon por cortesía, pero no me dieron opiniones ni sugerencias. Otros decían apoyarme, pero cuando los necesitaba ni siquiera contestaban el teléfono ni devolvían mis mensajes. Afortunadamente los que se opusieron con sus excusas o negativismos para que este proyecto se hiciera una realidad fueron muy pocos. Seguí insistiendo sin darme por vencido, con tal de realizar mi proyecto.

Al fin, gracias a un equipo de emprendedores con empeño de triunfar y compartir sus experiencias alentadoras, los *Sabios Sobrevivientes* fueron tomando forma. Mientras yo escribía y buscaba las historias para mi libro, mi hermana menor Maribel me ayudaba con la ortografía y a ordenar mis ideas. También me ayudó un primo que está en el negocio de la fotografía y que me contribuyó con la portada del libro.

Con este libro nosotros no pretendemos cambiar el mundo ni mucho menos la naturaleza de las personas. Solo queremos influenciar positivamente a aquellos que se identifiquen, aunque sea en parte, con alguna de las historias que aquí presento. Si eso ayuda un poco a mejorar la vida de algún lector, nosotros estaremos más que bien pagados. Para nosotros, el apoyarnos el uno al otro ha sido amplia recompensa por el esfuerzo que contribuimos a este proyecto. Es una gran satisfacción poder contribuir algo a la vida de otros.

Después de conocer y escuchar a los triunfadores que vas a conocer, no me cansaría yo de escribir y compartir estas lindas historias pues cada una tiene su toque especial. Probablemente así es también tu vida, amigo lector. ***Tu vida es como un grandioso libro. El día que dejes tú de escribir en el libro de tu vida, ésta dejará de tener sentido. Eso pasa, por ejemplo, cuando uno deja de soñar.***

Únete a nosotros, querido lector, para que sientas la gran satisfacción de ser un *Sabio Sobreviviente.*

Cómo Superar al Fracaso

El fracaso es éxito si aprendemos de él
—Malcolm Forbes

En las reuniones esporádicas que organizaba yo al principio, me di cuenta que muchos de los participantes no contaban con tiempo suficiente pues llegaban tarde con frecuencia, o tenían que salir de prisa o no asistían. Muchos de ellos contaban con un empleo y tenían su tiempo muy limitado y por eso no se daban el tiempo para ellos mismos. No había forma de hacerles llegar el mensaje que yo quería.

En realidad, para ser un *Sabio Sobreviviente*, hay que buscar el tiempo para superarse.

Entre los que hicimos el tiempo para asistir a las reuniones iniciales, estaban mis tres hermanas, dos primos, dos amigos y una gran amiga llamada Alma Sauceda. Ese fue el grupo que originó los *Sabios Sobrevivientes.* Durante estas reuniones compartíamos ideas, opiniones y proyectos.

Lo que más me encantaba de esas pequeñas reuniones era que ya actuábamos como el ideal que nos formamos de ser *Sabios Sobrevivientes*. Todos nos expresábamos libremente y aunque en algunas ocasiones nos tomábamos más del tiempo requerido para discutir una opinión, porque cada uno creía que tenía la razón, al final comprendíamos que no siempre se puede tener razón. Sonreíamos y algunos bromeaban sobre las cosas que nos habían pasado; era agradable compartir el tiempo con personas que tenían los mismos sueños que uno.

Admiraba mucho a mis amigos y ellos desde el comienzo apoyaron mi proyecto. Mi gran amiga Alma, por ejemplo, me conoce desde que yo era un adolescente y me ha respaldado a pesar de mis malas experiencias en la vida. No ha dejado de creer en mí, diferente a algunos de mi familia que de vez en cuando me han tachado de loco.

Uno de los participantes con más entusiasmo era mi gran amigo José, quien disfrutaba compartir sus opiniones e ideas pues él vivía una vida interesante. Nos contaba sus experiencias en los negocios y su vida personal. José había recibido diplomas en carreras técnicas y había leído más de cien libros de superación personal y ciencias. Había conocido mucho de la vida, con sus altos y sus bajos, así que él sentía que bien la había vivido. Nosotros disfrutábamos escuchar sus *historias pasajeras,* como él mismo las llamaba.

Un día, después de una de nuestras reuniones, José me invito un café. Él estaba impaciente por contarme sus nuevos planes de como afrontar la vida, tenía nuevas ideas y metas así que él estaba listo para una nueva aventura. Después de escucharlo por un buen rato y ver lo entusiasmado que estaba y la expresión en sus ojos, nos quedamos por unos segundos en silencio. Fue como si estuviéramos los dos solos en ese lugar, y para apoyar la inspiración de José en ese preciso momento, aproveché para preguntarle cual había sido el motivo que lo impulsó a seguir adelante. Al escucharme, José se quedo mirándome fijamente a los ojos, como si de repente se molestara por la pregunta o como si estuviera molesto con la vida misma. Con voz fuerte, y sin quitarme la mirada, me respondió

"Me motivé después de intentar muchas cosas en mi vida y dejar que muchos decidieran por mí. Al fin aprendí a no tener miedo. Y todo lo que he intentado me ha dejado muchas enseñanzas. Estoy listo para empezar de nuevo".

Le pregunté si el decidirse a actuar quita el miedo y me dijo que sí, efectivamente. Durante la charla José me contó que unos de sus intentos fue el haber puesto todo su capital en el negocio de compra y venta de casas, que en un momento de entusiasmo compró, pero después todo se vino abajo. El dinero que había invertido se esfumó en muy poco tiempo. Le pregunté que en cuanto calculaba que era su capital que él había perdido. José puso un rostro resignado y tristemente me comentó que para mucha gente tal vez no era mucho, pero para él su inversión era todo su sacrificio de muchos años; que había perdido alrededor de un par de millones de dólares. José comentó que tal vez no fue una mala inversión, sino que probablemente no era el momento para invertir.

Y la lección de este relato, amigo lector, es que los fracasos, no son fracasos si uno continúa luchando. José no se dio por derrotado, más bien aprendió una lección sobre inversiones y ciclos de negocios.

Todos nosotros seres humanos tenemos defectos y debilidades. Muchos conocemos bien las debilidades y las usamos como excusas, pero eso es en realidad nada más que miedo a un cambio de vida. Yo considero que la mayoría de las personas se angustian y se preocupan más por el que dirán los demás. Nuestros miedos son contradictorios—tenemos miedo del que dirán si fracasamos y tenemos miedo del que dirán si triunfamos.

Estas preocupaciones, amigo lector, te limitan y te paralizan. No te dejan ni hacer planes ni actuar, ni siquiera puedes ser tú mismo. Para poder desarrollar todo el potencial que tienes dentro de ti, libérate de la opinión de los demás. Solo así puedes utilizar tus dones internos para ser una persona exitosa. No dejes que tu círculo social altere tu actitud o contagie tus pensamientos. ***Recuerda que tú eres dueño de tus sueños e ilusiones. No permitas que otras personas te los roben con sus comentarios o su negatividad***. En el momento de nacer, vinimos solos a este mundo y solos nos vamos a ir. Solo tú eres el dueño de tu propia vida.

Aprende a Conocer el Precio del Triunfo

El triunfo no está en vencer siempre, sino en nunca desanimarse.

—Napoleón Bonaparte

¿Te acuerdas, amigo lector de tus sueños de niño? Probablemente en tus sueños eras invencible, ¿cierto? Muchos soñamos en nuestra infancia con tener una vida de rey para cuando lleguemos a ser adultos; creemos que de adultos vamos a tener carros y casas de lujo, sirvientes y limusinas, que viajaremos por todo el mundo pues nada es imposible para la imaginación infantil. Pero conforme vamos creciendo entramos en el mundo del "no se puede" y del "confórmate con lo que tienes". Amigos y familiares nos aconsejan que seamos "realistas", que el soñar se aplica solo a ciertas personas que nacieron en la opulencia; que lo mejor es atenerse al conformismo y la mediocridad.

Para el amigo José que había sacrificado mucho al dejar su país y sus seres más queridos para venirse dizque al país más rico del mudo, la vida no fue fácil. Cuando él llegó encontró su primer trabajo en una fábrica, y allí se quedó muchos años. Sacrificó su tiempo, es decir su vida, un precio que muchos no estamos dispuestos a pagar.

Para ahorrar, José llevaba una vida frugal, no salía y limitaba sus gastos. Al salir del trabajo por la tarde, José se iba a la escuela para aprender inglés, ya que en el trabajo se lo exigían para poder alcanzar otra posición mejor. Los fines de semana, mientras que sus amigos derrochaban lo poco que ganaban en diversiones, él trataba de aprender y prepararse.

Con este estilo de vida, José, sin embargo, no se dio cuenta de otro precio que él estaba pagando. Al no dejar tiempo necesario para descansar y tener vida social, José gradualmente fue entrando en la soledad. Para llenar el vacío emocional que estaba sintiendo, intentó buscar una relación de pareja, pero parecía que todo lo que intentaba le salía mal.

Sin experiencias sentimentales, no podía comunicarse bien y las pocas muchachas que frecuentaba le decían que solo buscaban amistad; alguna le dijo que no quería lastimarlo.

Al no poder entablar una relación emocional que le diera satisfacción, José se sintió mal, al punto que empezó a afectarlo la depresión. Entró a concentrarse en lo peor, y darle la razón a lo que le decían algunas personas y familiares: que tal vez él no servía para nada. Él creía que los demás lo conocían mejor de lo que él se conocía a si mismo.

Charlando con él, cuando me contó estos detalles, me preguntó tristemente qué pensaba yo de su vida emocional. En ese momento, no creí prudente darle una respuesta inmediata sino más bien seguir escuchándolo y conversando.

José no tan solo había sacrificado muchos años de su vida sino que también había sacrificado la confianza de su familia. Algunos de sus seres queridos, al observar sus frecuentes intentos frustrados por salir adelante y ser exitoso, dudaban que él fuera una persona normal, pues para ellos él era como un loco; una persona demente que intentaba cosas sin lograrlas. Había perdido ya varios de sus amigos y amistades, por lo que el amigo José entró por momentos en la desesperación.

Frecuentemente decía él que saber mucho ya no era lo mejor, pues cuando sus amistades lo veían venir se mofaban de él diciendo: *"ahí viene el loco de José; ahora ¿que historia nos vas a contar o qué nos vas a vender?".* En estas circunstancias, para José el volver empezar de cero no era fácil. Estaba a menos de cero pues se encontraba peor que cuando llegó a este país.

En realidad en este caso muchos pudiéramos ver una gran ventaja, que él contaba con lo más importante que se pueda tener—el conocimiento. Es conveniente recordar la historia del inventor del foco eléctrico, Tomás Edison, que falló miles de veces mientras perfeccionaba su idea. Cuando le preguntaron a Edison si él se consideraba un fracaso, respondió que no, puesto que él ahora conocía miles de formas de no fabricar un foco eléctrico. Y como *el que busca encuentra*, al fin Edison dio en el clavo y encontró la manera de hacer funcionar su foco, lo que cambió al mundo pues ahora todos usamos la luz eléctrica.

Y José, a pesar de las críticas, algunas de ellas muy duras, siguió intentando nuevas ideas. Su vida sigue mejorando tanto en lo personal como en los negocios. Él continúa buscando, y encontrando, nuevas oportunidades. Ahora que se conoce él mejor, no le presta atención a los comentarios negativos que todavía le hacen.

José aprende de la vida, lo bueno y lo difícil, y no deja que le roben sus sueños; es decir, él vive como un *Sabio Sobreviviente*.

Lo Urgente no es lo Más Importante

Hay mucho que saber, y es poco el vivir, y no se vive si no se sabe.

—Baltasar Gracián y Morales

En el camino por alcanzar el éxito, muchos hacemos primero lo más urgente y luego nos sorprendemos de ver que el éxito se aleja de nosotros. Nos apresuramos, dizque para no andar a la carrera y presionados, a hacer cosas que deben de terminarse... ¡ya! Y luego nos preguntamos porqué nos sentimos tan cansados y estresados. Queremos con nuestro éxito sorprender a los demás y mostrar que somos diferentes de las otras personas.

Así vivía yo mi vida, a las carreras y tratando de hacer lo más urgente hoy, esperando tener tiempo el día de mañana para enfrentarme a lo que era importante en mi vida pero que siempre podía esperar, al fin y al cabo mis hijos todavía estaban pequeños y yo todavía estaba joven para lograr mi propósito en la vida. Lo curioso es que hoy siempre es hoy, y cada día trae sus propias urgencias que deben hacerse inmediatamente; mi familia podía esperarme y mis objetivos podía organizarlos "mañana." Frecuentemente al anochecer ya tenía yo algo urgente para el día siguiente, y así me la pasaba yo los siete días de la semana.

Un día, sin embargo, platicando con un amigo, él comentó como al pasar, que para vivir bien la vida que queremos, *debemos concentrarnos en lo importante y dejar para después lo urgente.* Esta frase se quedó ya grabada en mi mente. No era nada nuevo para mí, las palabras que él estaba diciendo ya las sabía yo, pero nunca le había puesto atención a su significado.

Para mí fue una sorpresa fuerte darme cuenta que estaba dedicando mi vida a las urgencias que aparecían de improviso diariamente, y dejando las cosas con significado más trascendental para después, cuando tal vez pudiera dedicarme por varias horas a lo primordial de mi vida. ¿A cuántos de nosotros nos quedan varias horas durante el día para poder hacer lo importante? En realidad nunca sobran horas de nuestro día, ¿cierto?

Miré a mi amigo directamente a la cara y le contesté, *"¿sabes?, tienes mucha razón, no me había yo dado cuenta de las urgencias que he estado haciendo por muchos años."* En ese instante me di cuenta que mis hijas necesitaban su padre y mi hijo, que solo tenía 5 meses de nacido, pues yo necesitaba de él. Quería estrecharlo en mis brazos, contemplarlo y sonreírle mientras estuviera despierto. Tenía también que comunicarme con mi esposa, que siempre me esperaba, no importara la hora que yo llegara a la casa. En cuanto al resto de mi familia—mis papás, hermanos, sobrinos, todos son asimismo muy importantes para mí. Además tengo amigos muy queridos. Decidí entonces organizar mi vida para pasar más tiempo en familia y en comunidad. *"No tenemos la vida comprada".*

Después de despedirme de mi amigo seguí pensando en este tema. Recordé entonces una ocasión en la que por hacer lo urgente, había puesto la vida de mi hija en peligro; un desdichado incidente que nunca he podido olvidar. Mi hija Mezztly en aquel tiempo tan solo tenía 4 años de edad. Gracias a Dios que la desagradable memoria me ha servido mucho de motivación y aprendizaje en la vida pues, cada vez que tengo un momento difícil y siento depresión, el solo recuerdo me vuelve a levantar y sigo adelante.

Todo sucedió un día 19 de Diciembre, en plena

temporada de Navidad, es decir, cuando hay fiebre de ventas para los que nos dedicamos a ese ramo. Mi esposa y yo teníamos dos puestos en un tianguis (mercado de cambalaches), y como de costumbre, nos levantamos muy de madrugada ella y yo, más también mi hija Mezztly (que acompañaba a mi esposa en el primer puesto). A nuestra otra hija más pequeña la dejamos con mi mamá, quien la cuidaba durante el día. Pensando siempre en ventas y ganancias, yo me adelanté más temprano para preparar los sitios y acomodar los productos que vendíamos. Cuando ellas llegaron al mercado ya les tenía yo su sitio listo; el mío lo organicé en otro lugar del mercado.

Nos separábamos en dos sitios, especialmente durante la temporada de Navidad, para aprovechar al máximo las oportunidades de ventas cuando la gente quiere comprar y gastar su dinero. Recuerdo muy bien que ese 19 de Diciembre, cuando mi esposa y mi hija Mezztly llegaron al puesto, me trajeron un desayuno que había preparado mi esposa antes de salir de casa. Mientras comíamos rápidamente para poder aprovechar la mañana, mirábamos a mi hija que estaba emocionada y deseosa de comenzar. A Mezztly le gustaba ayudar a mi esposa y ya hasta comenzaba a atender algunos clientes.

Mientras platicábamos sobre la mercancía y como le íbamos a hacer ese día, Mezztly ya se nos adelantaba con sus dichos y gritos para llamar a los clientes. Ella copiaba lo que los mayores hacíamos, y hasta nos imitaba las voces: *"pásele, pásele a cinco, a cinco las blusas y cintos..."* Cuando mi esposa y yo la escuchábamos por el momento nos daba risa y se nos hacia graciosa: una niña de 4 años de edad con mucha iniciativa. En realidad nos motivaba y nos llenaba de inspiración al no tener miedo a las personas y llamar clientes. En ese momento ella era como un ejemplo a seguir.

Todo parecía una sábado hermoso y maravilloso, los ruidos, los colores, la gente. Se vendía bastante, ellas en su puesto y yo en el mío. De repente, como si en un silencio llegara a mis oídos, a pesar de que había bastante gente por todo el mercado, escuché mi nombre *"Octavio,"* una y otra vez. Por el momento pensé que era alguien que me conocía y me buscaba mencionando mi nombre; cuando lo volví a escuchar con más atención, me di cuenta que era el altoparlante del mercado. Por lo general le ponía yo poca atención porque se mencionaba más bien a los clientes, a personas que habían perdido algo o algún niño extraviado, o se hacían anuncios de rutina. Esta vez pedían mi presencia en la oficina, y por el momento solo imaginé que tal vez alguien me buscaba o que mi esposa necesitaba algo. Ninguno de los dos tenía teléfono celular y a lo mejor ella necesitaba cambio para un billete grande.

Pensando en si ir donde estaba mi esposa o a la

oficina, de repente vi a una vecina del puesto de mi esposa corriendo hacia mí, que me dijo *"oiga joven, sabe, su niña se machucó. Vaya a verla mientras yo le cuido su puesto"*. En ese instante sentí como un pequeño golpe que me llegó al pecho y dije para mis adentros *"Dios mío, cuídala, no vaya a ser algo grave."* Le dí las gracias a la vecina por la noticia y por encargarse de mi puesto y rápido me dirigí a donde estaba mi esposa.

Decidí correr al puesto de ella y ya escuchaba yo algunos comentarios de personas que venían de allá, y al acercarme intuí que algo bien malo había pasado, algo más que un simple pellizco había recibido mi hija. Al llegar se confirmó que lo peor e inesperado había sucedido. Traté de ser duro y fuerte en ese momento, pero mi cuerpo no reaccionaba porque mi mente veía un desastre que no comprendía—mi hija víctima de un accidente serio.

A unos metros estaba parado un carro y había mucha gente presenciando la escena del accidente. Caminé hacia donde estaba Lucy, mi esposa, que estaba llorando angustiosamente. En ese instante sentí que me echaron un cubetazo de agua fría, pues Mezztly estaba en el piso tendida y queriéndose levantar, pero algunos vecinos y otras personas trataban de impedir que se moviera para que no se lastimara más haciendo fuerza para levantarse. Le pregunté a Lucy que había pasado y ella desconsoladamente me dijo *"la atropelló un carro."*

No sé de donde saqué fuerzas para mantenerme en pie, con mi hija en el suelo tendida y mi esposa llorando. En ese momento necesitaba tranquilizar y darle ánimo a las dos. Me acerqué a Mezztly y le dije *"no te preocupes, todo va a estar bien"*. En el instante no tomé en cuenta por donde le había pasado el carro. Aunque me llené de rabia y coraje por lo que le había sucedido a mi hija, tomé una resolución—sanar a mi hija. Me concentré en el momento, ya no importaron los puestos o si la gente me robara la mercancía. Solo quería que mi hija estuviera bien.

Lucy estaba más afectada por el accidente, pues ella presenció cuando el carro empujó a Mezztly lanzándola al suelo y luego le pasó por encima de la pierna derecha. El carro, sin parar, estaba casi encima de la otra. Los vecinos y Lucy gritaron al conductor que se detuviera. Para mi esposa fue más traumatizante la situación.

Yo vi que quienes iban en ese carro eran una señora muy joven y un señor de edad. Cuando Lucy me mencionó que ellos tuvieron la culpa por no fijarse, sentí inmensa rabia contra esas personas y empecé a reclamarles e insultarlos. Aunque la señora se disculpaba diciéndonos *"perdónenos pero es que la niña se atravesó"* yo no escuchaba razón alguna y seguía diciéndoles a gritos que jamás los iba a perdonar. En mi furia no estaba yo para entender bien la situación. Un señor se me acercó y me dijo *"joven cálmese, si quiere llorar está bien pero no se altere pues mire a su esposa que está inconsolable."*

Alguien ya había llamado una ambulancia. Yo, tratando de calmarme, consolé a mi hija y llamé a un hermano que estaba en otro mercado. Me acuerdo que ni siquiera podía hablarle, solo le dije *"carnal"* y me quedé mudo por unos segundos; él me decía *"ey, ey, ¿qué pasó?"*. Al fin, con un nudo en la garganta y la voz muy quebrante le respondí *"a Mezztly la atropelló un carro y quiero que vengas a levantar los puestos."* Mi hermano solo me contesto *"okay."*

Los paramédicos llegaron pronto en la ambulancia, también vinieron los bomberos y la policía. Rápido los paramédicos le recortaron el pantalón a mi hija con unas tijeras para no lastimarla, le hicieron preguntas a Mezztly que ella no podía contestar porque estaba muy asustada y llorando. Ella solo quería levantarse y abrazarnos, nos llamaba diciendo *"papá, papá ven, mama ven a ayudarme."* Se me quebraba el corazón ver a mi hija sufrir, y solo podíamos decirle *"no te muevas, todo va a estar bien, tranquilízate."* En el momento no lloré pues me aguanté para no descontrolar más la situación, pero Lucy sí continuaba llorando. Algunas personas, espectadores, le decían *"cálmese señora, no se preocupe, su niña va a estar bien."*

Cuando a Mezztly la subieron a la ambulancia, mi esposa se fue con ella para transportarla al hospital. Yo recogí el coche de Lucy del estacionamiento para seguirlas al hospital, pero como todo pasó tan de repente se me había olvidado preguntar a qué hospital se la habían llevado. Llamé al número de emergencia para reportar el accidente y dar el nombre de mi hija. El operador que me contestó, muy amablemente me guío hasta el hospital.

En el camino, sin que nadie me viera, me solté a llorar pues el único que me escuchaba era el operador que me decía, *"señor, trate de tranquilizarse, yo lo voy a guiar hasta el hospital."* Mientras manejaba y lloraba, por mi mente pasaban muchas cosas, pensando yo en lo peor. Me imaginaba viendo a mi hija sin una pierna (sin ofender a las personas discapacitadas). En mi reacción ante el accidente, mi imaginación me traicionaba con lo peor. Le pregunté a Dios porqué a mi hija tan pequeña le tuvo que pasar una desgracia. Le imploré *"Dios mío, ayúdala Dios mío."*

Cuando llegué al hospital de West Covina, California, traté de tranquilizarme; me limpié los ojos para que Lucy y Mezztly no me vieran lloroso. No quería parecer débil frente a Mezztly que me necesitaba; además, yo era el héroe de ella en todos los aspectos. Para cuando entré al hospital, ya la estaban atendiendo. Mezztly se había quedado dormida mientras la transportaban en la ambulancia. Lucy estaba un poco más tranquila. Los doctores nos preguntaron que había pasado y Lucy les explicó todos los detalles del accidente.

Después de examinarla y observarla, los doctores se mostraron sorprendidos que a pesar de que le había pasado una vagoneta de carga, la niña no tenía fractura en la pierna donde le había pasado la rueda: fue un gran milagro. Solo sufrió varias raspaduras en la piel, e hinchazón en la pierna afectada. Le dimos gracias a Dios. Cuando mi Mezztly despertó llorando, le explicamos lo que los doctores nos habían dicho de sus piernas. Ella empezó a tranquilizarse también, así que al otro día nos la dieron de alta con toda la pierna enyesada hasta el pié. Camino a la casa, Lucy y Mezztly estaban más tranquilas, pero venían en silencio. El susto ya había pasado.

Amigo lector, te reto a que en este momento hagas las paces con alguien con quien te hayas enemistado. Si estás con un ser querido acarícialo amablemente. Si has ofendido a alguien, pídele perdón. Demuestra tu amor a alguien a quien quieras, porque no sabes si vas a tener la oportunidad de hacerlo después.

Dios nos prometió perdón por nuestros pecados, pero nunca nos ha prometido un mañana. Dice el refrán que "no dejes para mañana lo que puedas hacer hoy." Es en realidad un refrán muy sabio.

Es mejor que hagas lo importante hoy, lo urgente puedes dejarlo para después.

El Éxito es una Decisión Que Debes Tomar

El éxito es un 99% de fracaso.

- Soichiro Honda

Hubo un tiempo de mi vida en que yo creí que ya había madurado, que tenía mucha experiencia y que ya conocía mucho de la vida. Siempre que mi familia se reunía, me gustaba hablar de las experiencias que había vivido. Después de estar viviendo en un país que no era el mío, había tenido la fortuna de viajar por esa nación aún no teniendo suficiente dinero. Me gustaba presumir de los lugares que había conocido.

En realidad, de lo que no me había dado cuenta era que no conocía mucho de la vida y que apenas estaba comenzando a conocerla. Me di cuenta que no importaba a donde fuera, siempre regresaba al mismo lugar solo para comenzar nuevamente desde cero porque yo no tenía nada.

En el camino de la vida siempre vamos a encontrar muchas personas que creen saberlo todo, como yo lo creía cuando era más joven. Esta creencia orgullosa se ve más en algunos profesionales, aunque también se nota en adolescentes y personas que cuentan con un trabajo común. Ellos creen que siempre tienen la razón, que son superiores a los demás y parece que menosprecian a las personas que han estudiado menos, o que tienen una posición más baja en el trabajo, o que ganan menos dinero que ellos. Después de haberme dado cuenta de mi propia inmadurez, entendí que ***no importan los estudios académicos, ni los títulos que podamos tener, porque los resultados hablan por sí solos.***

El fracaso solo es el principio de una nueva experiencia. Amigo lector ***no importa cuantas veces te caigas, sino cuantas veces te vuelvas a***

levantar pues todos los seres humanos estamos expuestos en cada momento de nuestras vidas a pasar por malas experiencias. En lo personal, yo también he tenido muchas caídas y golpes en la vida, pero cuando eso me pasa, me digo a mí mismo *"tengo dos opciones: una, sentarme en mi casa y ponerme a llorar, culparme de todo lo malo y reprocharme a mí mismo del fracaso; o dos, enfrentar la vida, comenzar desde cero una vez más sin importar lo difícil que sea lograr mis sueños y metas."* Cada una de las dos opciones tiene un resultado, positivo o negativo.

Amigo lector, te invito a que tomes una decisión. La decisión de triunfar.

Aquí y hoy empieza tu destino; así que elige lo mejor para ti. Solo tú, y nadie más fuera de ti, puede cambiar tu vida. ***Comienza pues ahora.***

Si decides no tomar una decisión en este momento, piénsalo bien porque entonces ***tú estás tomando***

la decisión de no actuar, o sea la de continuar la misma vida que llevas. ¿Si ves? eres en realidad el amo de tu propio destino. Mejorar tu vida, o no mejorarla, está en tus manos.

Recuerda que el éxito no es un secreto sino una decisión personal.

La decisión de usar excusas en lugar de actuar es parte del fracaso. El fracaso, o el éxito, es enteramente tu decisión.

Los Golpes Enseñan Sabiduría

No le temas al fracaso, que no te hará más débil, sino más fuerte…

—Abraham Lincoln

Recuerdo que haciéndole un favor a un familiar, mandando unas remesas a mi país, conocí a una maravillosa mujer que me cautivó. Fue en el lugar donde ella trabajaba, nos presentamos mutuamente y charlamos un poco pero después de ese día no volvimos a tener comunicación alguna y pasó mucho tiempo para que me volviera a encontrar con Xima.

Años después, yo estaba en una librería pidiendo asistencia para encontrar un libro y me atendió una mujer. De momento, ninguno de los dos nos reconocimos. Cuando ella encontró el libro también me recomendó otro sobre el mismo tema. Me agradó su amabilidad y me cayó bien su entusiasmo al explicarme los temas que me interesaban. Le di las gracias por su sugerencia y seguí ojeando libros, pero mientras lo hacía, sentía que ella me observaba y yo también la miraba. Pensé que ya la conocía, pero no podía acordarme de donde ni cuando. Al pagar por el libro, ella me comentó *"siento que te he visto antes, pero no logro recordar,"* a lo que le respondí *"¿cual es tu nombre?"* Ella muy amable me respondió *"me llamo Xima".*

Su nombre trajo a la memoria las exactas circunstancias de cómo nos habíamos conocido: un par de años antes, en una tienda de electrónicos donde ella trabajaba. También yo le mencioné mi nombre para ver si así ella podía acordarse de los detalles. Le comenté un poco de la conversación que habíamos tenido inicialmente, y aunque recordó muy poco se alegró de habernos encontrado nuevamente. Nuestro reencuentro fue muy corto pues tenía que irme y ella continuar trabajando, nos despedimos y mientras salía de la tienda me sentí contento de haberla encontrado nuevamente.

En la charla que tuvimos tiempo atrás me comentó que en su país ella hizo estudios especializados y se había recibido de contadora y administradora de empresas. En ese entonces ella fue enfática en sus razones para estudiar. *"Me preparé porque quería algo seguro".*

Xima, quien es una persona muy carismática, muy fuerte de carácter y de buenos principios, siguió desde el comienzo los consejos de sus padres, que le decían que estudiar era lo mejor para su futuro. Ella viene de una familia muy humilde de agricultores en México, que se esforzaron por ella. Además de sus padres, Xima también contó con el apoyo de tres hermanas que aún viven allá.

Su vida de estudiante fue difícil. Xima me comentó que para graduarse y recibir su título universitario, tuvo que pasar muchas privaciones porque sus padres no contaban con el capital para ayudarla con sus estudios. Para economizar dinero y poder comer, tuvo que compartir su cuarto de renta con otras personas. Tenía que pedir prestada una computadora y libros de texto para poder estudiar y pasar sus exámenes. Para Xima las cosas se complicaban tanto que, aunque ella no quería dejar a su familia, tuvo que irse a vivir a Baja California.

Xima sabía que para que ella pudiera terminar sus estudios, tenía que sacrificarse y buscar lo que quería ella sola. Varios de sus familiares la criticaron por salirse de su casa, diciendo que como era una mujer sola se echaría a perder en la mala vida. Ella hizo poco caso a lo que le decían, pues ya todo estaba decidido y no daría marcha atrás.

Cuando Xima llegó a la ciudad de Tijuana, los

primeros días fueron de desilusión y tristeza ya que estaba sola y lejos de su familia; era la primera vez que se separaba de ellos y como que la distancia la hacía apreciarlos más. En esa ciudad la vida no fue nada fácil. Vio cosas, que jamás en su vida había experimentado, como el gran número de personas pidiendo limosna y tantos desamparados durmiendo en las calles. Su dolor más grande fue ver a niños y personas discapacitadas sin ningún apoyo del gobierno ni de la sociedad.

"Cuando yo estaba en mi pueblo, no me importaba que no tuviera comodidades porque yo era feliz y tenía lo que necesitaba, que eran mis padres y mis hermanas".

Yo la escuchaba hablar pues estaba interesado en conocer su historia. Para Xima, Tijuana era una ciudad grande que tenía muchas cosas que ella no conocía; pero a pesar de que ahí tenía más comodidades y también más facilidad para continuar su carrera, le parecía que faltaba en su vida un ingrediente principal.

En el transcurso de los días en Tijuana, Xima conoció a una muchacha que compartía clases con ella en la misma universidad, y entre charla y charla se fue a vivir con ella. En poco tiempo se convirtieron en grandes amigas. Xima la quería como una hermana y le agradecía toda la ayuda que le había dado. Compartían ideas, libros y hasta la computadora para así hacer sus tareas juntas. La mamá de su amiga también vivía con ellas.

Todo iba bien al comienzo de su amistad, hasta que la mamá de su amiga empezó a entrometerse en los asuntos de ellas. Empezó a compararlas.

"Tu deberías de ser más como Xima" le decía la madre a su hija.

"Esas fueron las palabras que poco a poco fueron deteriorando nuestra amistad," me contaba Xima con tristeza en sus ojos. *"De repente se volvió una situación incomoda para las dos y eso me molestaba por que yo de verdad la apreciaba".*

Al final de sus estudios, Xima tuvo que tomar exámenes finales para poder recibirse en la carrera. Ella los pasó y obtuvo su título, pero lamentablemente su amiga no corrió con la misma suerte.

"Esta situación empeoró las cosas y ella terminó por alejarse de mí; yo tuve que continuar sola nuevamente". Xima sintió tristeza por la ruptura de la amistad, pero también satisfacción por haber terminado la carrera. Según lo que decían sus padres, ella ya tenía algo seguro y ellos por fin estaban felices y orgullosos de su hija. Al terminar sus estudios, Xima pasó un tiempo con su familia y

pudo obtener un empleo en Ensenada, cerca de donde ella vivía. Comenzó como asistente de oficina y terminó como agente de ventas exteriores para la empresa.

"El tomar la responsabilidad de una empresa no es fácil como se piensa, porque todas las personas que trabajan contigo solo esperan que cometas un error para que te corran y así ellos poder tomar la vacante." Me comentaba Xima que ella no fue la excepción en su trabajo, pues también fue victima de las envidias de sus compañeros. Poco tiempo después de tomar el puesto como agente de ventas exteriores, ella tuvo que dejar el empleo porque se sentía muy presionada. Ella está segura que sus compañeros hicieron un complot para que se sintiera obligada a dejar su trabajo.

Xima se sintió un poco desanimada por no durar mucho en la empresa. Le entraron dudas sobre su estrategia de haber estudiado tanto tiempo y de haberse sacrificado tanto, porque parece que no había valido de nada. Sin embargo, ella no se daba por vencida tan fácil así que utilizó la experiencia que obtuvo en la empresa y comenzó su propio negocio, importando productos de Los Angeles, California a Tijuana.

Había algo diferente en este comienzo de negocio para Xima, porque ahora tenía la confianza de su familia y sabía que no estaba sola. Ella contaba con el apoyo incondicional de los suyos, y en realidad las cosas comenzaron a mejorar. Las importaciones estaban dejando frutos porque cada vez era más grande la demanda, y como ella sola no podía, su familia la ayudaba. Xima pensó que por fin ella no necesitaba de un trabajo para salir adelante, porque ella sola podía producir ganancias. Lo que ella jamás imagino fue que le pasara lo que le pasó.

Al contarme Xima esta parte de su vida, note que lo hacia con la nostalgia de *lo que hubiera podido pasar si no hubiera sucedido un mal incidente*. Al igual que ella, muchos de nosotros, cuando nos pasa algo que define una etapa en nuestras vidas, siempre pensamos *"¿qué hubiera sido de nosotros si lo que pasó no hubiera sucedido?"* Desafortunadamente **el hubiera no existe, solo el presente**.

Cuenta Xima que mientras tomaba un café con sus amistades en un lugar elegante, comentando lo bien que le iba en su negocio y hablando con emoción del rumbo que estaba tomando su vida, no se percató que le habían robado su bolso. Ella, muy asustada se dio cuenta de que le acababan de robar todo su capital; todo absolutamente todo, pues en su bolso llevaba una gran cantidad de dinero para depositar, además de sus tarjetas de crédito.

Después de esto, todo su negocio se desvaneció pues a sus acreedores no les importaba lo que le había pasado, ellos solo querían su dinero, el cual ella no podía devolverles. Xima una vez más sintió que había perdido una batalla, pero no la guerra pues aprendió una lección dolorosa pero importante. Estaba dispuesta a comenzar de cero nuevamente.

Para nadie es fácil comenzar desde cero y Xima no fue la excepción. En su negocio tuvo la oportunidad de conocer a varias personas que vivían en los Estados Unidos, y alguien le ofreció una oportunidad de trabajo. Ella arregló sus asuntos y se decidió emigrar a un país, muy mencionado pero desconocido para ella. Vino, tal como millones de personas que llegamos a este país, buscando un futuro mejor.

Su llegada aquí no fue una casualidad porque sus

experiencias, aunque dolorosas, le han ayudado a abrir puertas. Cuando llegó a Los Ángeles ya contaba con un trabajo desde el primer día. Irónicamente, en este país, muchos ayudamos a crear las oportunidades que buscamos y que desafortunadamente no encontramos en los países que dejamos.

Xima nuevamente desafiaba al destino en busca del éxito. Adaptarse al sistema económico de Los Ángeles no fue difícil para ella, porque en su negocio de exportaciones aprendió mucho de cómo trabajan las empresas en California. Se sintió cómoda desde los primeros días, pues en su trabajo contaba con un sueldo y una comisión por hacerlo bien. Para ella entonces, el trabajo era una motivación más. Todo parecía muy bien, nuevamente ella había encontrado estabilidad y había conocido nuevas amistades.

Pero las cosas cambian en la vida. Después de un

tiempo la compañía comenzó a hacer cambios y a mover de posiciones a sus trabajadores, incluso a los que habían recomendado a Xima. Un día, como era de esperarse, también ella fue afectada por los cambios. Poco a poco la compañía tuvo que hacer reducciones de personal hasta que Xima quedó por fuera.

Xima todavía tiene su sueño dorado de autosuficiencia e independencia financiera. Quiere ayudarse a si misma y también ayudar a su familia y amigos. Yo admiro mucho a Xima porque hasta el día de hoy ella sigue en la lucha buscando la nueva oportunidad que ofrece cada día. Ella ha aprendido mucho, al igual que yo, en la escuela de la vida. No importa cuantos estudios tengamos en colegios y universidades, no siempre vamos a estar preparados para las sorpresas que nos tiene la vida.

Aunque ha tenido alguna mala suerte, ella no cree

en el fracaso porque nada ni nadie la ha vencido. Según ella, si algo sale mal, no es una derrota sino más bien una valiosa lección: un paso más en los negocios y la maravillosa experiencia de la vida.

Xima sí que es una *Sabia Sobreviviente.*

Cómo Aprovechar las Oportunidades

Para aprovechar mejor las oportunidades, hay que vivir en el presente.

—Anónimo

Ángeles, con respeto y cariño, nos comparte su historia. Para ella el tiempo ha sido algo difícil y complicado. Desde que llegó a este país, Ángeles no ha dejado de trabajar y el querer realizarse como persona ha sido su mayor reto. Ella recuerda que su primer trabajo fue en un puesto de *El Mercado*, donde se dedicaba a vender artesanías. Estaba emocionada por este trabajo, que le consiguió uno de sus familiares. Para quedar bien, trató de adaptarse rápidamente y conocer nuevas amistades para no sentirse indiferente.

Sin embargo, a pesar de sus esfuerzos y dar de sí

todo lo que podía, pronto se sintió agobiada. Aunque el puesto en *El Mercado* era bastante pequeño, sentía que las horas se le hacían una eternidad.

Los primeros días ella tenía que trabajar doce horas diarias durante la semana y más de catorce horas los fines de semana. Muy rápidamente su vida se había vuelto una rutina extrema de trabajo.

Al pasar dos meses, Ángeles ya estaba cansada de ese trabajo que le consumía todo su tiempo y decidió buscar un nuevo empleo. Comenzó a preguntarles a sus vecinas del mercado si ellas sabían de algún empleo. Una de las muchachas le comentó que en el piso de abajo, en un pequeño salón de belleza, estaban buscando a una persona que pudiera trabajar medio tiempo.

Ángeles no dudó en actuar y de inmediato fue a averiguar sobre el empleo. En el salón de belleza le preguntó a la señora encargada *"¿necesitan aquí a alguien para cortar el pelo?"* La señora le contestó con una pregunta, *"¿tienes alguna experiencia en lo que yo necesito.?"*. Afortunadamente Ángeles había estudiado cosmetología en su país y había adquirido un poco de experiencia, así que pudo contestar que efectivamente sí tenía experiencia. La señora, quien es una persona muy buena y de buen carácter, la aceptó y le dio la oportunidad que ella buscaba.

Así fue como Ángeles comenzó a trabajar en algo que ella realmente disfrutaba y que sí conocía. También le gustaba ese trabajo porque tenía la oportunidad de conocer mucha gente. Pero sucedió que después de trabajar unos seis meses en el modesto salón de belleza, Ángeles entró como en una rutina de automatismo que la patrona exigía, porque eso es lo que suele pasarnos cuando llegamos a este país, quedamos atrapados en el sistema y en la rutina.

Para mí es como cuando una víbora tiene sus crías, que cuando estas nacen tienen que huir de su madre o de lo contrario serán tragadas por ella misma. Así es como yo interpreto el sistema de este país, porque cuando llegamos tenemos la ilusión de trabajar, acumular riqueza y después regresar a nuestros países. Luego, la mayoría de las veces eso se queda como una ilusión porque quedamos atrapados en el sistema y se nos olvida a lo que venimos. Cuando menos nos damos cuenta, ya pasaron muchos años y el vigor, y la salud de la juventud han quedado atrás.

Y así empezó a suceder en esta historia, solo que con una variante. Al principio claro que Ángeles se sentía muy ilusionada, después fueron pasando los años. Un buen día ella hizo amistad con un cliente que frecuentaba sus servicios en el salón. Se enamoró de él, comenzaron a salir y después de un tiempo Ángeles tuvo su primera hija. Con la llegada de su niña y teniendo su pareja a su lado, Ángeles se sintió al fin feliz y tranquila. Sobretodo porque la señora dueña del salón le había comentado a Ángeles que ella ya estaba cansada de trabajar y que cuando se retirara le dejaría el salón. Ángeles le creyó y vivía con la ilusión de que la señora cumpliría con esta oferta que con frecuencia hacía.

Sin embargo seguían pasando los años y Ángeles seguía trabajando en su rutina diaria, sacrificando a su hija, pues al no tener quien se la cuidara tenía que llevársela al trabajo. Mientras la mamá trabajaba y atendía a los clientes ponía a la niña en su andadera; cuando la niña dormía, Ángeles se apuraba con la limpieza. Para Ángeles era más difícil cuando la señora se iba de viaje al estado de Texas, donde estudiaba uno de sus hijos. Estando sola, toda la responsabilidad del negocio caía en los hombros de Ángeles. La carga comenzó a hacerse abrumadora.

La oportunidad llegó cuando menos lo esperaba.

Una tarde, mientras descansaba después de un día de trabajo, Ángeles conversaba con su esposo y él le comentó que una prima suya le había dicho que había un negocio en venta, y que por cierto era un salón de belleza. De inmediato ella le pidió que le diera la dirección del local. Ángeles decidió que al día siguiente iría a ver el lugar. En efecto al día siguiente Ángeles se apresuró a llegar al trabajo y le contó a su jefa sobre el salón de belleza que estaba en venta y que casualmente estaba cerca de ahí. Le pidió que la acompañara para que le diera su punto de vista, por tener más experiencia en como manejar un negocio.

"*¿Podría acompañarme a ver el local? me interesa mucho que usted me dé su opinión.*" La señora asintió y rápidamente las dos salieron a visitar el lugar. El local estaba en una esquina de un bulevar muy transitado y al llegar allí Ángeles se llevó una gran desilusión; la sonrisa que llevaba desapareció de sus labios cuando se dio cuenta que el local estaba en malas condiciones y que el área en donde se encontraba no era buena. Los locales vecinos, a pesar de de ser atendidos por los dueños, se miraban que no tenían clientes y estaban muy solos.

"Perdóname que te desanime, Ángeles, pero creo que los únicos clientes que vas a tener son tus propios vecinos." Ángeles se desinfló al escuchar esto y tristemente tuvo que darle la razón a su jefa y así se regresaron al trabajo. Por la tarde cuando llego a su casa, Ángeles le comento a su esposo todo lo que había pasado en su visita al local y su desilusión al ver visto un lugar tan en mal estado.

"Creo que no es una buena oportunidad comprar

ese negocio," añadió Ángeles recordando la opinión negativa de su jefa. Parecía que la única alternativa que quedaba era seguir trabajando de empleada.

Sin embargo, al hacerle el recuento a su esposo, y aunque le estaba diciendo que no era el momento de comprar tal negocio, cierta voz interior le estaba diciendo a Ángeles lo contrario, que no se fijara en las apariencias porque esa *sí era su oportunidad* y que no la dejara pasar.

Esa noche, Ángeles no concibió el sueño, escuchando su voz interior. No podía dejar de pensar que tal vez estaba dejando pasar la oportunidad que ella siempre estaba esperando, la de ser dueña de su propio negocio. Ángeles se armó de valor y al día siguiente le dijo a su esposo que había decidido que sí compraría el salón de belleza, que arriesgaría todo por lograr su sueño.

Su esposo no dudó en apoyarla y así en solo tres días Ángeles inauguró su salón de belleza—fue un viernes cuando tomó la decisión y el lunes ya estaba abriendo.

Hago énfasis amigo lector que para muchos de nosotros sería muy difícil tomar una decisión al parecer descabellada, como la que tomo Ángeles. Ella estaba arriesgando perder todos sus logros de muchos años, ya que no solo ponía en riesgo su dinero si no también a su familia.

Su esposo y sus hijas también tendrían que pagar los platos rotos si las cosas no salían bien. Pero había que salir adelante a como diera lugar. Ella ya estaba totalmente cansada de la rutina y de tener que trabajar para alguien más, así que ella se dijo ***"o es ahora o nunca".*** Su miedo más grande no era en realidad el fracaso de un negocio, sino tener que quedarse en aquel salón de *El Mercado* toda su vida.

Y las cosas no comenzaron de manera fácil. Ángeles dice que para ella y su esposo era muy difícil tener que atender el negocio y tener que cuidar a sus hijas, pero el motivo más grande para no darse por vencida era precisamente sus niñas, y así siguió Ángeles perseverando a pesar de los muchos momentos de desesperación. Manejando su negocio propio, tuvo Ángeles que aprender a los golpes y hubo muchos momentos que quería tirar la toalla y darse por vencida. Muchas noches llegaba llorando a su casa de desesperación de deudas, de falta de dinero, de clientes difíciles. Parecía imposible poder sacar adelante ese negocio propio.

Pero Ángeles perseveró y ahora ya tiene tres años con su negocio. Hoy en día ella sigue creciendo con su salón de belleza, pues el haber trabajado muchos años en *El Mercado* le dejó muchas amistades y clientes que la siguieron y con el tiempo consiguió muchos más. Ángeles agradece a su esposo por apoyarla en sus decisiones y por haber creído en ella. Su familia le dio la fortaleza que la impulsó a seguir adelante.

Yo en lo personal agradezco a Ángeles, que es una gran persona, por compartir su historia y por acentuar el mensaje de que no debemos dejar pasar las oportunidades que nos da la vida y que debemos arriesgarnos a dar pasos difíciles pero necesarios. Que cuando tomemos la decisión de triunfar, no nos demos por vencidos en el primer tropiezo. Yo estoy totalmente de acuerdo con ella ***no debemos olvidar a qué venimos y porqué estamos aquí. El éxito está dentro de nosotros. Que no olvidemos lo que queremos en la vida***.

Ángeles nos sirve de ejemplo como una *Sabia Sobreviviente.*

No Confundas tus Sueños con tus Emociones

Los soñadores son los salvadores del mundo

—James Allen

Hubo un tiempo de mi vida en el que me encontraba con demasiados planes y el tiempo no me alcanzaba. Todo lo que tenía que hacer era importante: mi negocio principal, mi nueva carrera de motivador, mi familia que estaba creciendo y varios otros proyectos que consideraba urgentes. Me sentía bajo presión, haciéndole frente a lo que se viniera, en buenas y malas rachas.

Las cosas se me complicaban, la economía se desplomaba y estaba arrastrando hacia abajo el negocio que compartía con mi hermano, que nos había costado muchos años de esfuerzo y dedicación. Por mi lado también, yo había entrado en el proceso de perder mi casa, lo cual era serio porque en realidad todos en mi familia, mis seres queridos, íbamos a perder por igual. ¿Nos quedaríamos todos en la calle?

Yo me encontraba agotado emocionalmente y para ser honesto mi esposa ya no me soportaba y era tanta su indiferencia que yo tenía que dormir en la sala de mi casa porque ella no quería compartir más nuestra recamara conmigo.

No la culpo porque yo le estaba fallando a ella y hasta había comenzado a mentirle. Entiendo y reconozco que yo tenía bien merecido todo lo que me pasaba. Mis hijas me preguntaban porqué no había dormido con ellas y yo no sabía como contestarles, pero de lo que sí estaba seguro era de que el único culpable de todo lo que me pasaba era yo mismo.

Puedo decir que esta fue una de las peores etapas en mi vida, porque me sentía con la obligación de no fallarles a todos aquellos que me seguían y que siempre me habían visto como un ejemplo para emular. Sin embargo, eso era precisamente lo que yo estaba a punto de hacer— fallarle a otros y fallarme hasta a mí mismo, es decir, fallar en grande.

Justo en ese momento de crisis se me presentó la gran oportunidad de mi vida, la que tantos años había esperado. Recibí la llamada de un colega que también se dedicaba a ser motivador para hacerme una invitación, junto con otros colegas que también impartían en el mismo ramo de la motivación.

El proyecto en mente era el de reunir a quince motivadores notables—escritores y conferencistas. Todos quince juntos escribiríamos un libro de superación personal. Varios de ellos ya estaban familiarizados con el proceso, puesto que eran bastante reconocidos por haber escrito libros o porque ya contaban con varios años en el campo de la motivación. A mi, presentador incipiente, se me hizo una gran oportunidad.

La llamada era una convocatoria para que nos reuniéramos y así poder conocernos todos los que formaríamos parte de este proyecto. La primera reunión se llevaría a cabo el siguiente domingo. Le di las gracias a mi colega por la invitación y colgué el teléfono. Sabía yo que era una oportunidad dorada, pero no era mi momento porque no estaba listo.

Mi mente entró en dudas y confusión. Por este motivo decidí no ser parte de este proyecto, pues mis confusiones e indecisiones en ese momento arruinarían mi presentación y afectarían el proyecto. Yo quedaría mal y asimismo haría ver mal a mis colegas ante personas importantes. No quería ser injusto con aquellos que disponían de una disciplina que yo no conocía en esos momentos.

Mi amigo volvió a llamarme para invitarme nuevamente a las reuniones que se llevaban a cabo los domingos y me recordó que era la oportunidad que estaba esperando y que no la dejara pasar, así que fijamos una cita.

Yo, sin darle tanta importancia, solo le dije que si asistiría, pero estaba seguro que jamás yo llegaría a esa cita. Después de unas semanas, sin embargo, a pesar que mis problemas seguían, decidí darme la oportunidad de involucrarme en el proyecto. Pensé que tal vez esto mejoraría mi situación un poco, pues el distraerme me haría bien. Tome el teléfono y llamé a mi amigo.

Nunca olvidaré esa llamada, puesto que al escuchar las palabras sinceras de mi amigo, estas me dolieron mucho.

"Hola amigo Octavio, que gusto de escucharte," dijo con amabilidad genuina cuando reconoció mi voz. Yo, después de saludarlo rápidamente le hice la pregunta sin preámbulos:

"Oye, ¿tú crees que todavía tengo la oportunidad de involucrarme en el proyecto del libro?" Confieso que al decir estas palabras, ni a mi mismo me sonaba natural mi voz.

"Lo siento amigo, pero el grupo ya está completo." Ya no supe qué responder y solo guardé silencio. Al cabo de varios segundos, el continuó hablando con voz apesadumbrada de amigo sincero. *"Octavio tú sabes que estas cosas van en serio y*

sólo me queda decirte que te perdiste de una gran oportunidad."

Decepcionado, sólo me quedo desearle suerte y me despedí de él. Estoy seguro que a todos nos ha pasado que cuando las cosas van mal en nuestras vidas, pareciera que todo el universo se pusiera de acuerdo y entonces todo a nuestro alrededor se torna mal simultáneamente. A pesar de quedar fuera del proyecto, no deje de tener contacto con mi amigo ni con otros colegas que eran parte del proyecto. Incluso asistí a la presentación del libro e invité a varios amigos para que me acompañaran.

En la presentación yo me sentía de verdad emocionado al igual que ellos. A pesar de no estar yo en el escenario, ni dar ningún discurso ni nadie mencionar mi nombre al público por algún reconocimiento, no me sentí mal. Yo sabía que esa oportunidad no era para mí en ese momento y estaba seguro de que mi tiempo llegaría pronto.

Había sufrido algunas derrotas, pero no soy de las personas que se dan por vencidas. Al final, todo lo malo que pasó me sirvió de mucho, pues aprendí una gran lección de responsabilidad y humildad. Salí en realidad muy contento de la presentación, porque me alegraba ver los triunfos de mis colegas. Como dijo un gran líder: ***"los grandes líderes toman decisión después de la emoción"***.

Los elementos de motivación mencionados en la presentación también me ayudaron a mí. Me puse a recapacitar y orientar mi mente hacia mis objetivos de triunfo. Paso a paso, las cosas empezaron a arreglarse; los problemas con mi esposa se resolvían, ya no tenía discusiones con mis padres y regresé a enfocarme en el negocio y a tomar el nuevo rumbo de mi carrera. Como dice un viejo dicho ***lo que no te mata te fortalece.***

Analizando lo que pasó conmigo, me dí cuenta que confundí mis emociones personales con mis sueños y los puse en riesgo. Afortunadamente, al aguantar mis caídas también me hice más fuerte. Todos estamos expuestos a muchas cosas en la vida, podemos obtener lo que queremos pero no sabemos lo inesperado que se nos puede presentar. La vida está llena de sorpresas; puedes tropezar pero tú decides si te levantas y sigues caminando o si te quedas en el camino viendo como los demás pasan dejándote atrás.

Aprende las lecciones de la Juventud

Los deseos del joven muestran las futuras virtudes del hombre.

—Marco Tulio Cicerón

¿Quien dice que el éxito tiene edad? Muchas personas suelen pensar que ya están muy viejos y se les pasó la edad de poder hacer algo de sus vidas. Solo se quedan viendo la vida pasar esperando que llegue el día de marcharse de esta vida.

También hay muchos jóvenes que piensan que su vida es eterna y que tienen muchísimos años para hacer algo. Sin concepto del paso del tiempo no toman sus vidas en serio y cuando menos se dan cuenta ya son unos viejos que no han logrado nada. Yo quiero decirles que nunca es tarde para empezar ni tampoco nunca es tan temprano. Ya seamos jóvenes o seamos viejos, comencemos hoy a hacer algo de nuestras vidas. Recuerden que la vida es una sola, que es corta y que lo único que es eterno es la muerte.

La siguiente historia es la de un jovencito a quien tuve la oportunidad de conocer hace algunos años. Edgar tenía solo quince años en aquel entonces y él era un cliente más de mi negocio, uno de los muchos jóvenes que llegaban. Sin embargo él era algo diferente, hablaba con la gente amablemente, así fue como me dijo una vez que él no había tenido a su padre durante su crecimiento. A pesar de eso, él mostraba un gran entusiasmo por la vida.

Edgar me llamaba la atención también porque era un jovencito humilde y sencillo, respetuoso con las personas; diferente de muchos jóvenes de su edad que solo se preocupaban por estar a la moda con zapatos y ropa de marca. Parecía que adaptarse al grupo no era importante para él.

En varias ocasiones, al llegar yo temprano para abrir las puertas de mi negocio, él ya estaba esperándome. Otras veces llegaba después de salir de la escuela y decidí hablar más con él. Empezamos a formar amistad porque también le caía bien a mis colegas. Recuerdo que nos mostraba un juego de cartas que era popular en su escuela y algunas veces lo jugamos.

El tiempo fue pasando y fui conociéndolo más definitivamente. Se fue ganando mi confianza y mi admiración. Siempre lo veía yo activo y muy inquieto. Al parecer le gustaba estar ocupado en algo, ya fuera una actividad escolar o algo que lo entretuviera.

Un día llegó muy agitado y lo noté un poco raro, así que le pregunte *"¿Edgar te pasa algo, estas bien?"* a lo que respondió *"no me pasa nada, estoy bien."* Pero sus acciones decían lo contrario. Tomó una pausa para respirar más profundo y me comentó *"bueno, es que caminé por todo el bulevar preguntando en todos los negocios si necesitaban alguien para trabajar y también apliqué, es que necesito trabajar."*

Mientras él me respondía la pregunta, yo lo observaba preguntándome su motivo. Me sorprendía lo que él decía. Muchos de los jóvenes de su edad lo que más buscan es divertirse. Pierden el tiempo jugando video, tratan de ser populares creyendo que son mejores por consumir alcohol o drogas, en vez de tomar la vida en serio y tratar de ayudar y aportar algo a sus familias.

Pero nuestro amigo Edgar sí me estaba hablando

en serio, tratando ya de tomar control de su vida. Decidí felicitarlo por su esfuerzo. Transcurrió el día y cuando estaba apunto de cerrar mi pequeño local, observe a Edgar y lo noté tenso, mirándome como si quisiera preguntarme algo, pero no se atrevía a hablar. Seguí trabajando callado y después de unos minutos, nervioso me preguntó *"¿tú crees que me puedes dar trabajo?"* Me sorprendió su pregunta, pues siendo mi negocio un lugar pequeño en realidad nadie me había pedido trabajo. También me puse nervioso porque Edgar nunca había pedido trabajo a nadie y a mí nunca me lo habían pedido, así que no sabía que decirle pero comencé con algunas preguntas.

La primera fue *"Edgar, ¿porqué quieres trabajar si todavía estas muy joven?"*

"Por que quiero ayudar a mi mamá con los gastos, a ella no le alcanza el dinero que gana trabajando y

quiero comprarle cosas a mi hermanito más pequeño y a mis hermanitas más pequeñas," él me respondió con automática seguridad. Sus palabras se me hicieron tan sinceras que no dudé que realmente quería ayudar a su familia.

Tuve que darle una advertencia, sin embargo, *"eres muy jovencito y no te van a dejar trabajar."*

"Bueno no tengo papá, solo tengo un padrastro y la verdad no quiero depender de ellos toda la vida y me gustaría hacer algo por mi cuenta, aparte de ayudar a mi mamá." Al escuchar las palabras que usaba y las respuestas que me daba, era como si él me motivara a vivir y trabajar. Un jovencito me estaba hablando con palabras de compromiso hacia la familia y hacia la vida. Después de la conversación no dudé más en darle el empleo, sus respuestas me habían convencido y creo que además él ya contaba con toda mi confianza.

Le dije entonces que regresara el fin de semana para ponernos de acuerdo en cuales serían sus horarios de trabajo, ya que él todavía asistía a la escuela. Edgar comenzó ayudándome los fines de semana, cuando el negocio estaba más ocupado, mientras que mi hermano y yo nos encargábamos del negocio durante la semana. Pasaron los meses y mientras Edgar seguía trabajando con nosotros, el negocio crecía y nos dimos cuenta que necesitábamos más espacio. Decidimos entonces rentar un espacio más grande en el mismo mercado.

Con más espacio disponible, Edgar comenzó a llevar algunas veces a su hermano más pequeño al trabajo. Cuando le pregunté qué pasaba, me respondió que quería que su hermano aprendiera a trabajar observando la actividad en el negocio en vez de estar en la casa jugando juegos de video. En verdad su hermanito nos ayudaba con su presencia, ayudándonos con los clientes, sobre todo a observar que nadie se llevara nada sin pagar. Ya habíamos tenido algunas experiencias de pérdidas por robo, así que el hermanito sí aportaba bastante al pequeño negocio.

Como en un negocio de tan pequeña escala como el nuestro en realidad no había futuro para Edgar, yo mismo trataba de animarlo a buscar otras oportunidades, y le decía que cuando se le presentara una, la tomara. Que aprovechara lo mejor y no se sintiera comprometido con nosotros. Él decía que se sentía contento de trabajar con nosotros en el negocio, pero estaba consciente de que este trabajo no le daría lo que él realmente quería y por eso tenía que buscar otras opciones.

Edgar me comentó que él tomaría un curso de mecánica, pues eso era algo en lo que realmente le gustaría trabajar. Así lo hizo, y mientras tanto decidió quedarse con nosotros hasta que terminó la carrera de mecánico. Al terminar sus estudios, cuando un trabajo se le presentó en mecánica, ya me había dado cuenta que Edgar estaba a punto de cambiar su vida. Yo entendía esto muy bien porque yo también había pasado por la misma experiencia, y quería apoyarlo en su deseo de salir adelante.

En los años que trabajamos juntos habíamos entablado una buena amistad, y de verdad él se había ganado toda mi confianza y mi admiración. No puedo negar que cuando él tuvo que irse, dejo un vacío en el negocio. Nos pesó que se fuera, pero tuvimos que respetar su decisión. Fue muy difícil encontrar alguien tan trabajador como él que pudiera ocupar su lugar.

En su nueva vida de mecánico, Edgar siguió trabajando con empeño y dedicación y ahora es mecánico para una de las marcas de autos más reconocidas. De vez en cuando él nos visita y, si estamos muy ocupados, todavía nos ayuda. Fue bueno que mientras trabajó con nosotros nunca le hicimos presión a hacer algo que él no quería, y por lo tanto todos nos entendimos muy bien. Hoy en día, cuando tengo algún problema con alguno de mis autos se lo llevo a él y seguimos teniendo muy buena comunicación.

Edgar dice que su siguiente meta es tener su propio taller, y estoy absolutamente seguro que lo tendrá. Él nos demuestra que ***nunca se es demasiado joven para comenzar***.

También nos demuestra que él es un *Sabio Sobreviviente*.

Profundiza el Deseo de Vivir

He encontrado que si tú amas la vida, también la vida te amará.

—Arthur Rubinstein

He observado que muchas personas, cuando se encuentran en momentos difíciles de sus vidas y les da depresión, acostumbran decir *"Yo no pedí venir a este mundo."* Incluso he conocido gente que a pesar de las oportunidades que tienen y de estar completos físicamente, reniegan de la vida que tienen, tal vez porque no tienen lo que quieren, o por no estar en el país deseado o no pertenecer a la raza que les hubiera gustado ser. Por ejemplo, he escuchado deseos absurdos de algunos que dicen que les hubiera gustado ser rubios, tener mucho dinero o ser famosos para no sufrir.

Me refiero, amigo lector, a se tipo de personas que viven quejándose porque creen que no son nada en la vida. Tiempo después se van a arrepentir "de lo que pudo haber sido y no fue." Vinimos a este mundo a disfrutar de la vida que nos dio Dios, a vivir siendo, como lo dice el título de este libro, *Sabios Sobrevivientes.* Es una sabiduría sencilla pero profunda de la vida, porque simplemente no tenemos otra alternativa.

Consideremos, por ejemplo, a los seres queridos que "se nos adelantaron" y que, lamentablemente, ya no están con nosotros. Esas personas de veras que ya no tienen oportunidades. Para disfrutar de lo mejor que se nos ha dado en este mundo tenemos que estar vivos.

Así es la vida, se nos dio para vivirla y disfrutarla. Esta es una de las razones más fuertes por las que no debemos de darnos por vencidos. Tampoco debemos esperar hasta mañana para hacer las cosas, porque de mañana en mañana los días se nos van, y tarde o temprano cada uno de nosotros se irá también. La ley de la vida dice que todos seguiremos a las personas que se nos han ido. Tal vez ellos al momento de morir todavía querían hacer muchas otras cosas pero el tiempo se les acabó. ***Y tú amigo lector ¿como estás viviendo tu vida?"***

¿La vives con pasión disfrutando plenamente del día de hoy, o solo estás esperando a ver que pasa mañana?

Nunca es tarde para empezar de nuevo

Entre todos los factores que modelan nuestra mente, el más importante es la habilidad de tomar decisiones, porque lo que nosotros decidimos hacer o no hacer en la vida termina definiendo nuestro destino como ser humano. Las decisiones indican los éxitos o los tropiezos en la vida. Muchas personas deciden que mañana será un nuevo día y que mañana pueden comenzar de nuevo, pero así se la pasan por muchos años, esperando el mañana y no toman acción. Cuando menos se dan cuenta ya han pasado años y no han hecho lo que quieren, y terminan llevando una vida de frustración.

Sin embargo, hay esperanza mientras haya vida. Si tú amigo lector todavía no has comenzado tu proyecto importante, *comiénzalo hoy*; toma tu primer paso en este momento. Nunca es tarde para definirse. Todo es cuestión de querer tomar acción. **Decídete** a comenzar lo importante para tí *el día de hoy.*

No pierdas el tiempo preguntándote ¿qué he hecho de mi vida hasta el día de hoy? Tampoco vale preguntar ¿cuantos años tengo ya?" La verdadera pregunta es ***¿estoy dispuesto a hacer lo que sea por lograr mis sueños?***

Vive con Pasión y Conquista el Mundo

El hombre es verdaderamente grande sólo cuando obra a impulso de las pasiones.

—Benjamin Disraeli

La siguiente historia, a mi parecer, ilustra de lo que en realidad se trata la vida. Hace años, cuando yo estaba en la secundaria, conocí a Edgar, un compañero que era coordinador de baile y a quien los amigos lo llamaban Dimas. Él había organizado un grupo de actuación entre los estudiantes.

Al principio lo juzgué mal y evitaba tener comunicación con él porque se me hacía presumido. La verdad es que, como a mí también me encanta el baile, yo veía a Dimas como mi competencia y claro que no quería que él fuera mejor que yo. Al paso del tiempo lo fui conociendo mejor y me dí cuenta que él en realidad se concentraba en su labor y pasión, así que me hice miembro de su grupo.

Una vez a nuestro grupo lo invitaron a participar en un gran evento anual que la escuela organizaba; varios otros grupos también participarían. Durante este evento, los participantes tratábamos de imitar a artistas del show *"Siempre en Domingo,"* un programa famoso en la televisión. Todos nos sentíamos muy halagados de participar en ese evento tan esperado por muchos en la escuela. Gracias a Dimas, tuvimos éxito en la participación y él se hizo bastante popular en la escuela. En realidad, él tenía talento y carisma con la gente; amaba lo que hacía y lo fuimos aceptando como un maestro. Muchos lo admirábamos y parecía que siempre estaba rodeado de amistades.

Después del evento, al darme más cuenta de los grandes talentos que Dimas poseía, le presté más atención a su ejemplo y de verdad aprendí mucho de él. En sus clases nos enseñaba la disciplina del baile, una disciplina que yo no conocía. Hasta ese entonces, el baile que yo desarrollaba era, como le llamábamos, baile callejero. Gracias a las enseñanzas de Dimas mejoré mi estilo de bailar. Gracias a nuestros intereses similares, establecí una linda amistada con Dimas. Llegó el día sin embargo que, por cosas del destino, nuestras vidas tomaron rumbos diferentes. Él continuó con su carrera de instructor de baile y yo dejé la escuela para ponerme a trabajar. Dejamos de vernos por varios años.

No nos veíamos, pero yo tenía noticias frecuentes de Dimas por parte de otros amigos que mantenían contacto con él; ellos me decían que él seguía haciendo lo que más le apasionaba en la vida, que era el baile, y que además organizaba bailes para quinceañeras y otros eventos. Dimas continuaba luchando por lograr sus sueños y logró poner una academia, que gustó mucho y tuvo éxito porque ofrecía instrucción para todo tipo de estilos de bailes.

Dimas comenzó también a asesorar grupos de jóvenes y adultos, a los que además de enseñar él mismo, también les hablaba del mundo de los negocios. Él y sus alumnos ganaron viajes a diferentes partes para participar en varios programas y presentar shows de sus bailes. Dimas llegó a ser tan conocido que hasta participo en el programa de "*Sábado Gigante*." Así que par nuestro amigo Dimas la vida era llena de alegrías y emociones, porque él era alguien que vivía al día. No le gustaba esperar para hacer lo que tenía que hacer y solo se dejaba llevar por lo que sentía y eso lo llevo a hacer cosas grandes.

Como todo en la vida tiene un precio, Dimas lo

pagaba sacrificando sus horas de comer, lo cual a él no le preocupaba. Siempre andaba de prisa, haciendo varias cosas a la vez, y terminaba también descuidando sus horas de descanso. Él entonces trabajaba doble tiempo y aparte tenía sus clases de baile, y parecía que todo marchaba sobre ruedas. Él se sentía invencible: creía que nunca le pasaría nada ni que llegaría a enfermarse de algo. Dimas jamás imaginó que a él le llegaría el día que su cuerpo no respondiera. Ese día comenzó como de costumbre, mientras daba su clase de baile empezó a sentirse mal, su brazo derecho comenzó a moverse solo y su cabeza también. Se sentía raro y en un abrir y cerrar de ojos Dimas ya se encontraba el suelo.

Dimas sufrió un derrame cerebral, y si no hubiera sido por uno de sus alumnos que lo ayudó y que llamó de urgencia a los paramédicos y a la ambulancia, talvez él no hubiera podido contarnos su historia. Cuando los paramédicos llegaron, continuaba en el suelo sin poder moverse y recuerda que le preguntaban cómo se llamaba; aunque él hacía esfuerzos por contestar, no podía hablar para responderles.

Cuando lo bajaron de la ambulancia en el hospital de UCLA él estaba consciente, dándose cuenta de lo que pasaba a su alrededor. En la sala de emergencia decidieron que había que inyectarle medicina rápidamente para abrir las venas que se habían bloqueado cortando la circulación de la sangre al cerebro. Desafortunadamente, para que eso pasara alguien de su familia tenía que dar la autorización, ya que la inyección era bastante fuerte y peligrosa para el cerebro. No era ético para los doctores arriesgar la vida de un paciente sin consultar a su familia.

Los enfermeros, tratando de localizar a alguien para que viniera de inmediato, afortunadamente encontraron una señora que tenía varios años de conocer a Dimas. Cuando a ella le dijeron lo que estaba pasando, no dudo ni un segundo en correr al hospital para dar la autorización. Conocía ella personas que habían pasado por esa misma situación y sabía a lo que Dimas se enfrentaba. Dimas tuvo entonces un poco de esperanza, pues también sabia que ese hospital contaba con buenos especialistas que conocían muy bien lo que él estaba padeciendo.

"Mi recuperación fue muy lenta pues tuve que quedarme en el hospital por varios meses," nos comentaba Dimas con melancolía al recordar todo lo que pasó. *"Mucha gente me visitó en el hospital y muchos me apoyaron en mi recuperación."* Dimas sufrió en silencio, pero si había algo que realmente le doliera a él era ver llorar a sus padres y a su familia, sobre todo cuando los doctores le dijeron *"Dimas, tu recuperación será muy lenta; talvez lo más difícil será recobrar el habla, pues*

comenzarás como un bebé. Probablemente dures años en recuperarte." Dimas comentó que no le dejaron muchas esperanzas.

Pero eso no fue todo. Como dicen por ahí "esto apenas comenzaba." Después de cuatro años de recuperación y terapia, Edgar pudo hablar. Es más, los médicos se sorprendieron que él estuviera hablando en tan poco tiempo, pues muchos pacientes pasan el resto de sus días sin poder hablar claramente. Dimas estaba tan recuperado como si no le hubiera pasado nada. Él entonces regresó a su rutina normal de trabajo y al baile. Los doctores incluso dijeron que su pasión por el baile lo había ayudado a recuperarse más rápido. Dimas siguió con sus chequeos físicos de rutina. Los médicos le decían que no había quedado nada mal, que todo estaba bien y que podía viajar y seguir con su vida normal.

Dimas se recuperó físicamente, pero quedo con el

trauma de lo que había pasado y se sentía con miedo que le volviera a pasar lo mismo. Trataba de distraerse con su trabajo y bailar sin miedo, hasta que se sintió más fuerte. Después de cuatro años, cuando todo parecía marchar bien nuevamente, Dimas comenzó a sentirse mal otra vez; sentía que su corazón estaba cansado por el maltrato que le había dado en el transcurso de su vida. Creyó él entonces que haber regresado a la rutina diaria tan pronto le había afectado el corazón. Tristemente tuvo razón y su miedo se hizo realidad al sufrir ahora un ataque al corazón.

"Solo sentí un fuerte dolor en el pecho y después ya no sentí nada," comentaba Dimas, agregando que él no estaba consiente mientras lo trasportaban así al hospital, que por cierto no era un hospital tan prestigioso como el anterior. Cuando llegaron a la sala de emergencias tuvieron que revivir a Edgar con choques eléctricos, pues ya no tenía pulso.

Dimas medio revivió, entreabrió los ojos y vislumbró su cuerpo conectado a muchos cables, con un tubo en la boca que era por donde le administraban nutrición. Una vez más se encontraba entre la vida y la muerte. Dimas se sentía desesperado, no entendía porqué le pasaba esto a él. *"Porque a mí, que me mantengo físicamente ocupado, no lo entiendo. Yo nunca fumé ni consumí alcohol."* Edgar pensaba que eso solo le pasaba a las personas que estaban pasadas de peso, pero no a las personas como él que eran activas y que siempre estaban en forma.

Después de que pasó el peligro tuvieron que operarlo y ponerle un marcapasos para que su corazón latiera normalmente. Al cabo de varios meses Edgar salió del hospital; ahora tendría que tomar medicamentos por el resto de su vida y sus alimentos tendrían que ser revisados cada mes. En este hospital desafortunadamente no había especialistas en operaciones al corazón. En el trascurso de dos años Dimas, tuvo que regresar al hospital muchas veces porque seguía sintiéndose mal. Fue entonces que se dieron cuenta de que no le habían calibrado bien el marcapasos, porque en vez de mantener el latido del corazón a ritmo normal, más bien se lo aceleraba, lo que hacía que se sintiera mal.

Dimas no podía recuperarse del todo y vivía con preocupación. *"¿Qué más me puede pasar ahora?"* Como si esto fuera poco, Dimas sufrió un segundo ataque al corazón, pero afortunadamente esta vez si fue llevado a un hospital calificado. Lo operaron una vez más y aunque su corazón ya estaba debilitado los doctores le dieron esperanzas y le colocaron un nuevo marcapasos.

De verdad es sorprendente como puede cambiar la vida en un abrir y cerrar de ojos. Dimas estaba en lo alto de su vida, logrando la realidad de sus sueños. A pesar de los golpes duros que recibió en su vida, Dimas seguía con ganas de vivir. Dice él que, sin duda, los momentos que más agradece fueron aquellos cuando le dieron los choques eléctricos para revivirlo. Fue una experiencia dolorosa que le regresó la vida. *"Cuando me daban los choques eléctricos para devolverme el pulso, yo sentía como si me atravesaran dos espadas por el pecho."*

Dimas comenta que después de tener un derrame cerebral, dos operaciones al corazón y una en el cerebro, y aparte haber sido revivido dos veces, *"si pidiera regresar atrás y cambiar algo de mi vida, lo único que haría diferente seria cuidar más mi salud."* Nuestro amigo Dimas se da cuenta ahora que lo más importante para lograr sus sueños es su salud.

Él esta muy agradecido con la vida que ha tenido,

pues al fin y al cabo pudo vivir su sueño de hacer lo que más le apasiona, el baile. Dimas le da gracias a Dios por seguir en esta vida, pues él aún se siente capaz de realizar muchas cosas y sigue con ***los deseos de vivir.***

Hemos aprendido mucho de nuestro amigo Dimas; él es un ejemplo de que no debemos darnos por vencidos, que no importa lo que pase, mientras estemos en nuestros cinco sentidos y tengamos vida todo lo podemos lograr. Él nos enseña que seguir luchando es parte de vivir la vida; también nos enseña que no tomemos la salud muy a la ligera.

Sin duda esta historia nos ayuda a reflexionar y a preguntarnos si de verdad valen la pena todas las excusas que nos ponemos día a día para no lograr lo que queremos, Dimas sabe lo que quiere y lo consigue; ni siquiera piensa en excusas para no esforzarse, aunque esté en una sala de emergencias.

Y tú amigo lector, ***¿miras la vida pasar en vez de pasar tú por la vida?***

¿De verdad tienes deseos de vivir o solo existes cada día?

Edgar Dimas sí que es un verdadero *Sabio Sobreviviente.*

Si te Caes Seis Veces,

Levántate Siete

Imposible, es una palabra que sólo se encuentra en el diccionario de los tontos.

—Napoleón Bonaparte

María a quien tengo el honor de presentarles en nuestra siguiente historia, es originaria de México, y solo tuvo la oportunidad de estudiar hasta sexto año de primaria. Ella recuerda que debido a la mala situación económica en la que se encontraba su familia, tuvo que salir a la calle a la edad de siete años a vender chicles porque quería ayudar a sus padres con lo gastos de la casa.

Desde niña, a María le encantaba leer mucho y era lo que más disfrutaba en sus tiempos libres, sobre todo las historias infantiles de moda como *Juan Sin*

Miedo y otras similares. Al ir creciendo, sus gustos se fueron madurando y adquirió predilección por libros informativos y buena literatura. En el pueblo en el que María nació y creció no había televisión ni otras cosas en que entretenerse; era un pueblo muy pequeño y con pocos habitantes. En ese lugar, María halló refugio en los libros.

Bien pronto María se dio cuenta que el haber dejado la escuela en realidad no era impedimento para que ella aprendiera, pues la mejor escuela es la vida y los libros servían de buen complemento.

En muchas ocasiones que María estaba leyendo, su madre se enojaba con ella y hasta la golpeaba. Como la madre no sabia leer, pensaba que lo que su hija leía era malo, pues al verla tan entretenida pensaba que no era nada bueno.

Al terminar la década de los 1960s y cumplir sus quince años de edad, María fue mandada a los

Estados Unidos para cuidar un niño. Al llegar a este país, ella se vio obligada a aprender inglés, lo cual no fue nada fácil. Ella se enfrentó a varios obstáculos y uno de ellos eran las personas con quienes vivía, que no la dejaban estudiar y eso la obligó a estudiar a escondidas.

Al fin, cuando ella cumplió los dieciocho años, pudo irse a vivir con su hermano y así los dos podían apoyarse mutuamente. María sabia que tenía que hacer algo por ella misma si quería salir adelante. Trabajó en varios empleos ganando salario mínimo.

En su vida personal, se casó y tuvo tres hijos. Al darse cuenta que con los empleos de salario mínimo nunca saldría adelante, decidió buscar opciones. Comenzó a hacer presentaciones de “Princess House” y con sus comisiones y el salario de su esposo los dos pudieron comprar su primera casa. Cuando tuvo su último bebé, ella se dio cuenta que podía hacer más que vender cristales.

Una vez, leyendo el periódico, encontró un anuncio que le encantó; le llamo muchísimo la atención porque este sería un trabajo diferente. El anuncio decía que buscaban vendedores aunque no tuvieran experiencia, que ellos daban entrenamientos; María rápidamente decidió "esto es para mí." Así fue como María obtuvo su primer trabajo en bienes raíces.

María comenzó a trabajar con empeño pero todavía no sabía bien el inglés comercial. Eso era una gran dificultad, ya que en esos tiempos el mercado hispano ni siquiera era tomado en cuenta en cuestión de compras y ventas de casas. Es más, ni siquiera existían vendedores que hablaran español puesto que todo este negocio se hacía en inglés. Muchas personas que María conocía se mostraban incrédulas cuando ella les decía cual era su trabajo, así que ella decidió no molestarse más en compartirles sus ideas o sus experiencias.

A pesar de las dificultades, María trabajó sin desanimarse y decidió concentrarse en el mercado latino. Algo que le causó curiosidad fue darse cuenta que muchos de los latinos que conocía no querían comprarse una propiedad, porque creían que entonces se verían obligados a tener que trabajar duro y por lo tanto no podrían regresar a sus países. Ella, por el contrario, decidió que para salir adelante en este país había que echar raíces; al cabo de algún tiempo decidió comprarse una casa más grande para mejorar la vida de su familia.

Por ser mujer, y latina, en un mundo americano, María todavía encontraba personas que dudaban de ella, a veces hasta su propio jefe y sus colegas. Ella no prestó atención en lo que los demás pensaban y se empeñó en triunfar. Todo marchaba bien, María se sentía contenta con lo que estaba logrando.

En 1981, sin embargo, todo se vino abajo en un abrir y cerrar de ojos. María perdió todo lo que había logrado en ese tiempo y como dicen "no basta ganar dinero; hay que guardarlo y saber usarlo y estar preparado para imprevistos." Talvez ella no lo estaba. María, sin embargo, no se dio por derrotada y no le importó comenzar desde cero otra vez, tenía que velar por su familia. En esta segunda ocasión el trabajo era en un camión-lonchera, vendiendo comidas.

Era una jornada de trabajo muy larga. María tenía que madrugar muy temprano todo los días, y luego estar de pie todo el día. Permanecía ella encerrada en un vehículo ambulante muchas horas, trabajando sin descansar. Eso fue un verdadero reto para María y allí permaneció por tres años. Lo que la mantuvo fuerte esos años fue la idea de regresar a bienes raíces, pues había aprendido que si se empeñaba, podía tener éxito y ganar mucho dinero.

Cuando la economía comenzó a mejorar, María decidió no seguir trabajando en un camión, ya que ella sentía que estaba lista para tomar el siguiente paso. Regresaría a las ventas de residencias, pero con una perspectiva diferente de esta profesión.

María tenía un plan. Tomó su lista de clientes y comenzó a llamarlos. Poco a poco ella logró establecerse de nuevo y pudo regresar a su estilo de vida de comodidad económica; ya podía darle ella a su familia algunos lujos, aunque se endeudara un poco. Para María todo marchaba bien de nuevo y parecía que esta vez sí sería para siempre. Algo de lo que María no se percató era que lo que ya le había sucedido una vez, tenía muchas probabilidades de volverle a pasar. Al parecer ella no había aprendido bien la lección de que en la economía, los ciclos suben y bajan.

En 1994 nuevamente María lo perdió todo, pero esta vez también perdió a su pareja y tuvo que quedarse sola con sus hijos, eso fue lo que más le dolió. Una vez más la vida le enseñaba a María una dura lección, pero ella una vez más concentró su mente y sus energías en triunfar. Esta vez decidió hacer algo adicional, prepararse y estudiar. Algo que ella había querido por muchos años era continuar su educación, que había interrumpido de adolescente por razones económicas. Así que a los cuarenta años de edad recibió por fin su diploma de secundaria y comenzó a tomar clases universitarias. Nunca es tarde para estudiar y prepararse.

Otra de las cosas que María aprendió fue a cuidar lo que tenía. Decidió aumentar su inteligencia financiera y cuidar mejor su dinero, para así no arriesgarse a perderlo todo en épocas de dificultades económicas. A pesar de los golpes, nunca se dio por vencida y siguió luchando para sacar adelante a sus hijos.

Después de un tiempo, María viajo a Texas donde vivía a su mamá. Pasó una allí una temporada de relajamiento, que aprovechó para avanzar sus estudios universitarios. En Texas conoció a su segunda pareja quien sigue apoyándola hasta el día de hoy. María decidió regresar a California y comenzar de nuevo con su nueva familia, por tercera vez, pero en esta ocasión con nuevas ideas. Ella se sentía más fortalecida, porque después de tantas malas experiencias sentía que nada podía derrumbarla.

Una idea diferente que se le ocurrió fue comenzar un restaurante especializado en comida deliciosa y saludable. Funcionó bastante bien aunque en ese entonces la clientela no estaba tan interesada en cosas de salud. Además, las jornadas de catorce horas diarias eran agotadoras. Fue una buena experiencia porque aprendió más sobre los clientes y sobre administración de negocios, pero decidió dejar el restaurante para volver a dedicarse a lo que realmente le gustaba: el negocio de bienes raíces.

En el 2006 nuevamente todo se vino abajo y comenzó una de las recesiones más largas en la historia del país. María le hizo frente a las circunstancias diciendo *"si te caes seis veces, levántate siete."* Al fin y al cabo, después de todo lo que a María le había pasado a lo largo de su vida, ya sabia como levantarse nuevamente. María fundó su propia compañía, en sociedad con su hija. María pudo en esta ocasión no solo ayudarse a si misma, sino también ayudar a muchos de sus clientes a no perder sus haberes durante la recesión.

Y como la inteligencia financiera la ayudó a seguir adelante, María decidió escribir un libro sobre este tema titulado *"Cómo Cuidar tu Dinero y Lograr tus Sueños: Una Guía Sensata para la Prosperidad."* Lo hizo con el propósito de ayudar a otras personas que estén pasando por dificultades económicas, para enseñarles como levantarse de nuevo, que nada está perdido mientras haya vida. María quiere decirle a la gente que siga adelante sin temor alguno.

Mientras tengamos vida, todo es posible. No dejemos perder los sueños. Lo único que no tiene solución es la muerte.

María se ha levantado varias veces de sus caídas. Ella sí que es una *Sabia Sobreviviente.*

El Mejor de los Sabios Sobrevivientes

La sabiduría es hija de la experiencia.
—Leonardo Da Vinci

El último Sabio Sobreviviente de quien voy a hablar fue alguien que vivió hace muchos siglos, dando un gran ejemplo a la humanidad de cómo afrentarse a las peores circunstancias imaginables y sin embargo salir adelante.

Se trata de Job, un hombre recto que vivía placenteramente con su familia: su esposa, siete hijos y tres hijas. Gozaba él además de muchos haberes: una hacienda con siete mil ovejas, tres mil camellos, quinientas yuntas de bueyes, quinientas asnas y muchísimos criados.

Sucedió que un día Dios permitió que Job fuera

tentado, pero el tentador se ensañó en crueldad contra él. Job perdió su hacienda que fue destruida; unos asaltantes mataron a todos sus criados, sus asnas y sus bueyes. Sus ovejas y sus pastores fueron quemados; otros asaltantes terminaron con sus camellos y, por si fuera poco, una gran tormenta de arena mató a todos sus hijos.

Job experimentó gran desesperación y dolor. Rasgó sus vestiduras en señal de duelo y dijo, *"Dios me dio, Dios me quitó, sea el nombre de Dios bendito."*

Pero el tentador aún no había terminado, y decidió castigar a Job con cruel porfía. Job, quien era un hombre apuesto, ahora sufrió desfiguración en su cara y en su cuerpo. El tentador hirió a Job con una sarna maligna que le cubrió toda su piel. Ahora hasta sus amigos, para evitar ver su fealdad, huían de él.

Job, aunque abatido, no se dio por vencido, pues

comentó: *"con Dios está la sabiduría y el poder."* Sus mejores amigos, y aún su mujer, trataron de razonar con él, trataron de convencerlo que se quejara ante Dios de las injusticias de la vida; incluso trataron de hacerlo que maldijera a Dios por su suerte. Job escuchó los consejos, los comentó con sus amigos, pero no los siguió.

Es más, **Job decidió orar por sus amigos**. Y así se pasó el tiempo.

Antes de terminar mi relato, quiero hacerte una pregunta amigo lector. ¿Qué hubieras hecho tú en tales circunstancias? Job ya lo había perdido todo: su hacienda, sus animales, su fortuna, sus criados, su familia, su salud, su presencia física; ahora era un hombre absolutamente desposeído y deforme.

¿Cómo puede aguantar un hombre tanto castigo? Aguantárselo, ¡sin quejarse!

He aquí la esencia misma de ser un *Sabio Sobreviviente*: no vale la pena desperdiciar energía en quejarse. Si quejándose uno se arreglaran las cosas, tendría sentido, pero eso no sucede.

Lo único que tiene sentido es actuar positivamente para arreglar la situación, sin hacerle mal al prójimo. Digo positivamente porque la gran mayoría de las personas sí actúan, pero negativamente. O bien, tratan de vengarse de quien creen les causó algún mal, o se quejan amargamente de su suerte, o tratan de conseguir dinero rápidamente sin importar cómo, o están tan desesperados que tratan de lastimarse a si mismos.

Pero miren ustedes lo que hizo Job en circunstancias difíciles, él simplemente oró por los demás. Un hombre *Sabio* y *Sobreviviente* contribuye positivamente a la vida de los demás.

Y Dios lo premió por esto. Vinieron a Job todos sus hermanos, hermanas y conocidos. Cada uno de ellos le llevó algo de dinero. Es conveniente comentar que cuando Dios hace sus milagros, se vale de la gente que hay alrededor. Por eso es que debemos respetar a los demás, pues ellos son evidencia de la presencia de Dios. Al fin y al cabo todos fuimos creados a la imagen y semejanza del Creador.

Job se recuperó de su dolencia, recobró su riqueza y pronto tuvo el doble de lo que tenía antes. Y también tuvo otros siete hijos y tres hijas. Dice el buen libro que no había mujeres tan hermosas como las hijas de Job en toda la tierra. Job vivió ciento cuarenta años.

Job nos enseña que no hay que perder la esperanza, no importa la pésima situación en que estemos. Asimismo, no importa que no tengamos nada, siempre podemos hacer una contribución para mejorar la vida de nuestro prójimo. Mientras haya vida todo se puede mejorar.

Qué mejor ejemplo que el de Job de ser un *Sabio Sobreviviente.*

Y tú amigo lector, no pierdas de vista que viniste a este mundo para lograr tus sueños, disfrutar de tu vida y ayudar a otros a hacer lo mismo. Te deseo que seas un *Sabio Sobreviviente* feliz.

Octavio Romero

Reseña Biográfica

La cuna de Octavio fue Puebla, México. Desde sus primeros años, y tal vez acuciado por la pobreza en su ciudad natal, él sintió la intuición de vender. Sus primeros productos fueron paletas y chicharrones.

A los doce años de edad llegó a los Estados Unidos, lo cual para Octavio fue un choque cultural por la diferencia de sistemas escolares y porque no hablaba el idioma. Por desadaptación dejó la escuela en el décimo grado.

Tenía que aportar a su familia y consiguió su primer trabajo operando una máquina de coser. Le pagaban por pieza y no alcanzaba a ganar ni el salario mínimo, así que para compensar tenía que trabajar muchas horas cada día. Era una vida de desesperación sin futuro ni esperanzas; su mayor miedo era quedarse allí trabajando de por vida, como otros operarios ya de edad madura.

Al cabo de cinco años se rebeló y comenzó a experimentar diferentes empleos: jardinería, construcción, bodegaje. En cada nuevo trabajo tenía que comenzar desde abajo con salario mínimo. Pronto se dio cuenta que le faltaba preparación. Decidió leer libros en busca de conocimientos.

Trabajó en una ocasión en un campo de golf. Le llamó la atención lo bonito del paisaje y la clientela. Parecía que la gente llegaba de buen humor, en compañía de amigos, a jugar golf. Comprendió que la razón por la que había venido a este país era trabajar, instruirse y vivir sin preocupaciones. Un día lo despidieron, pero él ya había tomado su decisión: no más empleos de supervivencia—ahora comenzaría él su propio negocio para controlar mejor su vida.

Se asoció con su hermano para dedicarse a las ventas. Comenzando con una pequeña inversión tantearon varios productos. Fue un proceso de aprendizaje lento y difícil. El riesgo de fallar y perderlo todo siempre estaba presente. Al pasar los años aprendieron a administrar su negocio hasta que al fin encontraron un producto que les permitió prosperar y hacer una contribución.

En la actualidad, Octavio y su hermano son dueños de un próspero negocio de distribución internacional e intercambio de productos anime. Su compañía es una de las pioneras en este ramo en el mercado hispano en los Estados Unidos, y ya comenzaron importaciones y exportaciones a varios países latinoamericanos.

Octavio acaba de publicar su primer libro, *Sabios Sobrevivientes: cómo progresar en tiempos difíciles*. Un libro de historias biográficas de triunfadores que lograron realizar sus sueños. Es uno de los libros participantes en el Festival Latinoamericano del Libro.

www.sabiossobrevivientes.com

www.creadosparatriunfar.com

www.ingramcontent.com/pod-product-compliance
Lightning Source LLC
LaVergne TN
LVHW020632100826
845148LV00012B/2146